Jessica Veith

Azubi-Recruiting im „War for Talents"

Herausforderungen und Lösungsansätze
für mittelständische Unternehmen

Diplomica Verlag GmbH

Veith, Jessica: Azubi-Recruiting im „War for Talents". Herausforderungen und Lösungsansätze für mittelständische Unternehmen, Hamburg, Diplomica Verlag GmbH 2017

Buch-ISBN: 978-3-96146-522-4
PDF-eBook-ISBN: 978-3-96146-022-9
Druck/Herstellung: Diplomica® Verlag GmbH, Hamburg, 2017

Bibliografische Information der Deutschen Nationalbibliothek:
Die Deutsche Nationalbibliothek verzeichnet diese Publikation in der Deutschen Nationalbibliografie; detaillierte bibliografische Daten sind im Internet über http://dnb.d-nb.de abrufbar.

© Diplomica Verlag GmbH
Hermannstal 119k, 22119 Hamburg
http://www.diplomica-verlag.de, Hamburg 2017
Printed in Germany

Inhaltsverzeichnis

Abbildungsverzeichnis 3

Tabellenverzeichnis 5

Abkürzungsverzeichnis 6

1. Einführung 7

    1.1 Problemstellung und Ausgangssituation... 8

    1.2 Zielsetzung und Fragestellung.. 10

    1.3 Kapitelaufbau und Vorgehensweise 11

2. Der Mittelstandsbegriff und die problematische Verwechslung
   unterschiedlicher Begrifflichkeiten 15

    2.1 Annäherungsversuche des Mittelstandsbegriffs 15

        2.1.1 Die qualitative Mittelstandsdefinition des IfM Bonn 18

        2.1.2 Familienunternehmen sind von mittelständischen
            Unternehmen zu unterscheiden 19

    2.2 Quantitative Definitionsansätze: Abgrenzung zwischen kleinen,
       mittleren und großen Unternehmen 25

        2.2.1 Das Handelsgesetzbuch als Grundlage von quantitativen
            Definitionen 25

        2.2.2 Die KMU-Definition des IfM Bonn.................................... 27

        2.2.3 Die KMU-Definition der Europäischen Kommission 28

    2.3 Fazit: das idealtypische Mittelstandsunternehmen existiert nicht 31

    2.4 Abgrenzung des Untersuchungsgegenstandes................................. 32

3. Charakterisierung der mittelständischen Personalpolitik 35

    3.1 Bedeutung der Human Ressource für mittelständische
       Unternehmen.. 35

    3.2 Prozessschritte der mittelständischen Personalpolitik 36

        3.2.1 Personalbedarfsplanung 37

        3.2.2 Personalbeschaffung 37

        3.2.3 Personalauswahl.. 39

        3.2.4 Personalmotivation 41

        3.2.5 Personalbeurteilung und Entwicklung 42

        3.2.6 Personalbetreuung 43

        3.2.7 Personalaustritt 43

    3.3 Einsatz von Personalmarketingstrategien zur erfolgreichen
       Rekrutierung von Ausbildungsinteressierten 44

        3.3.1 Begriffsklärung sowie Ziele und Aufgaben des
            Personalmarketings 44

        3.3.2 Begriffsklärung sowie Ziele und Aufgaben des
            Ausbildungsmarketings 46

3.4 Kern Charakteristiken des deutschen Mittelstands und ihre
Auswirkungen auf die Ausgestaltung der Personalpolitik 49

    3.4.1 Fakten zur Volkswirtschaftlichen Bedeutung und zum
    Beschäftigungsbeitrag mittelständischer Unternehmen 51

    3.4.2 Geringer Institutionalisierungsgrad in mittelständischen
    Unternehmen. 54

    3.4.3 Qualitative Kern Charakteristiken und ihre Auswirkungen
    auf die Gestaltung der Personalpolitik 56

    3.4.4 Stärken und Schwächen Profil der mittelständischen
    Personalpolitik 62

**4. Empirische Analyse von personalpolitischen Herausforderungen
mit dem Fokus auf die Rekrutierung von Ausbildungsinteressierten... 64**

4.1 Bedeutung der strategischen Planung für eine wettbewerbsfähige
Personalpolitik 64

4.2 Einflussfaktoren der betrieblichen Ausbildungsentscheidung 65

4.3 Externe und interne Trends der Personalbeschaffung aus dem
Blickwinkel mittelständischer Unternehmen 67

4.4 Betrachtung der Kosten-Nutzen-Relation der betrieblichen
Ausbildung 70

4.5 Auswirkungen und Herausforderungen der zentralen Megatrends
mit Blick auf die Rekrutierung Auszubildender 78

    4.5.1 Auszubildende als knappe Ressource auf dem Arbeitsmarkt .. 78

    4.5.2 Die neuen Informations- und Kommunikationstechnologien
    verändern die personalwirtschaftlichen Strukturen und
    Prozesse 83

    4.5.3 Wissen als erfolgskritische Ressource in Zeiten der
    Globalisierung und einer wissensbasierten Gesellschaft 85

    4.5.4 Wertewandel der Gesellschaft verändert die Erwerbs- und
    Bildungsphasen der deutschen Bevölkerung 89

4.6 Engpass- und Ursachenanalyse auf dem Ausbildungsmarkt 97

    4.6.1 Aktuelle Entwicklungen des Ausbildungsmarktes 97

    4.6.2 Engpassanalyse für regional-, berufs- und
    wirtschaftsspezifische Bereiche 98

    4.6.3 Ursachen für gegenwärtige Rekrutierungsprobleme von
    Auszubildenden sowie Ableitung von Handlungsfeldern 106

5. Zusammenfassung der zentralen Ergebnisse und Ausblick 110

Literaturverzeichnis 113

Abbildungsverzeichnis

Abbildung 1: Einflussfaktoren auf die Personalarbeit 7

Abbildung 2: Aufbau der vorliegenden Arbeit 11

Abbildung 3: Das Drei-Kreis-Modell von Familienunternehmen 23

Abbildung 4: Die drei Säulen der F-PEC Skala 24

Abbildung 5: Die klassischen Prozessschritte der Personalpolitik 36

Abbildung 6: Selektionsprozess... 40

Abbildung 7: Inhalte der Personalentwicklung 42

Abbildung 8: Personalfreisetzung 44

Abbildung 9: Ausbildungsmarketingmaßnahmen und –aktionen 47

Abbildung 10: Variablen der Rahmenbedingung des Personalmarketings..... 48

Abbildung 11: KMU Anteile in Deutschland nach der KMU Definition
des IfM Bonn 52

Abbildung 12: Beschäftigungsanteile und Umsatz nach
Unternehmensgrößenklassen 53

Abbildung 13: Beschäftigungsbeitrag von KMU im Vergleich mit
Großunternehmen.. 54

Abbildung 14: Spannungsfeld mittelständischer Unternehmen 57

Abbildung 15: Einflussfaktoren auf die betriebliche Ausbildungsentscheidung und deren Gestaltungsmöglichkeiten.............. 66

Abbildung 16: Die Bedeutung externer und nicht beeinflussbarer
Trends für die Personalbeschaffung 68

Abbildung 17: In welchen Personengruppen haben Unternehmen
aktuellen Personalbedarf 69

Abbildung 18: Maßnahmen gegen Stellenbesetzungsprobleme.................... 70

Abbildung 19: Jugendarbeitslosigkeitsquote in Europa 71

Abbildung 20: Bruttokosten der betrieblichen Berufsausbildung.................... 72

Abbildung 21: Kosten der betrieblichen Ausbildung aus
Unternehmenssicht für das Ausbildungsjahr 2012/2013 73

Abbildung 22: Verteilung der Bruttokosten für das Ausbildungsjahr
2012/2013 pro Auszubildendem und Jahr nach Kostenarten.. 74

Abbildung 23: Durchschnittliche Übernahmequote je Betrieb (2011 bis
2013, in % aller erfolgreichen Auszubildenden 76

Abbildung 24: Gründe für die betriebliche Ausbildung aus
Unternehmenssicht (Angaben in %)............................... 77

Abbildung 25: Nutzen der Berufsausbildung... 78

Abbildung 26: Demografische Grundgleichung 79

Abbildung 27: Durschnittliche Lebensläufe von Männern und Frauen
(1960, 2000).. 90

Abbildung 28: Einflussfaktoren auf die Rekrutierung Auszubildender und
Auswirkungen auf die Gestaltung der Personalpolitik 96

Abbildung 29: Durchschnittlicher Anteil unbesetzter Ausbildungsstellen am Gesamtangebot an Ausbildungsstellen in Ausbildungsbetrieben nach Betriebsgrößenklassen zwischen 2012 und 2014 (in %) 100

Abbildung 30: Top 10 der aktuellen Engpassberufe bei Personen mit abgeschlossener Berufsausbildung. 101

Abbildung 31: Anteil unbesetzter Ausbildungsstellen nach Berufsfeldern zwischen 2011 und 2014 (in Prozent)................................... 102

Abbildung 32: Durchschnittlicher Anteil an unbesetzten Ausbildungsplätzen am Gesamtangebot an Ausbildungsstellen in Ausbildungsbetrieben nach Wirtschaftsbereichen in den Jahren 2013 und 2014 (in %) ... 104

Abbildung 33: Anteil unbesetzter Ausbildungsplätze nach Bundesland im Ausbildungsjahr 2014 106

Tabellenverzeichnis

Tabelle 1: Mittelstandsdefinition des Handelsgesetzbuchs............................. 27

Tabelle 2: KMU-Definition des IfM Bonn. 27

Tabelle 3: KMU-Definition der Europäischen Kommission.............................. 29

Tabelle 4: Abgrenzung des Untersuchungsgegenstandes 34

Tabelle 5: Personalsuchmethoden. 38

Tabelle 6: Erfolgspotenziale und Herausforderungen mittelständischer
Unternehmen.. 61

Tabelle 7: Stärken und Schwächen der mittelständischen Personalpolitik
auf Lösungsansätze. 63

Tabelle 8: Bruttokosten, Erträge und Nettokosten pro Auszubildendem
und Jahr für das Ausbildungsjahr 2012/2013 75

Tabelle 9: Indikatoren der Bevölkerungsentwicklung Deutschlands 80

Tabelle 10: Durchschnittlicher Anteil Beschäftigter mit abgeschlossener
Berufsausbildung an allen Beschäftigten nach
Betriebsgrößenklassen (2006-2011/ in %) 87

Tabelle 11: Die vier Berufstypen Jugendlicher im Alter von 15 bis 25 Jahren . 93

Tabelle 12: Werte Jugendlicher im Alter von 15 bis 25 Jahre und
Konsequenzen für die Rekrutierung aus Auszubildender............. 94

Tabelle 13: Problemarten auf dem Ausbildungsmarkt. 97

Tabelle 14: Berufsgattungen im dualen System mit der höchsten Bewerber-
Stellen-Relation Bewerber-Stellen-Relation in
Ausbildungsberufen mit mindestens 100 Ausbildungsstellen...... 103

Tabelle 15: Ursachen für Passungsprobleme aus Unternehmenssicht
und Lösungsansätze 109

Abkürzungsverzeichnis

BIBB	Bundesministerium für Berufsbildung
BMAS	Bundesministerium für Arbeit und Soziales
BMBF	Bundesministerium für Bildung und Forschung
BMWi	Bundesministerium für Wirtschaft und Energie
BWP	Berufsbildung in Wissenschaft und Praxis
BMZ	Bundesministerium für wirtschaftliche Zusammenarbeit und Entwicklung
CHRIS	Centre of Human Resources Information Systems
CEO	Chief Executive Officer
DIHK	Deutsche Industrie und Handelskammer
DGFP	Deutsche Gesellschaft für Personalführung
ISCED	International Standard Classification of Education
ENWHP	European Network for Workplace Health Promotion
E-HRM	Electronic Human Resource Management
EFI	Expertenkommission Forschung und Innovation
F-PEC	Family influence - Power, Experience und Culture
GE-Capital	General Electric Capital
HRM	Human Resource Management
IfM	Institut für Mittelstandsforschung
IAB	Institut für Arbeitsmarkt- und Berufsforschung
Ifaa	Institut für angewandte Arbeitswissenschaft
IKT	Informations- und Kommunikationstechnologien
KMU	kleine und mittlere Unternehmen
KOFA	Kompetenzzentrum Fachkräftesicherung
SME	Small and medium sized enterprises

1. Einführung

Die **Arbeitswelt** befindet sich in einer Ära, die sowohl durch sektorale als auch strukturelle Umbrüche geprägt ist.[1] **Veränderungen** der Arbeitswelt haben zwangsläufig auch Auswirkungen auf die betriebliche **Personalarbeit**. Denn die treibenden Kräfte der Markt-, Technologie-, Organisations- und Wertedynamik wirken gemeinsam mit der Globalisierung und Ökologie nicht nur auf die Gestaltung der Personalpolitik ein, sondern beeinflusst diese auch. Die dadurch entstehenden dynamischen **Spannungsfelder**, stellt Unternehmen vor große **Herausforderungen** (siehe dazu *Abbildung 1*).[2]

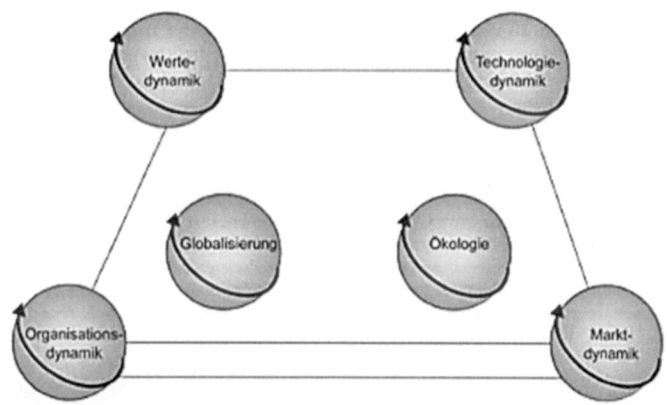

Abbildung 1: Einflussfaktoren auf die Personalarbeit (Quelle: Scholz, C. (2014), S. 8)

Durch die **Globalisierung** wird sich der **internationale Wettbewerb** um Fachkräfte[3] weiterhin zuspitzen.[4] Der zügig voranschreitende **technologische Wandel** bewirkt mitunter sektorale und berufliche **Strukturveränderungen**.[5] Der Wandel zur Wissens– und informationsbasierten Wirtschaft hat wiederum Auswirkungen auf die verstärkte Nachfrage an qualifizierten und gut ausgebildeten **Fachkräften**.[6]

---

[1] Vgl. Hekman, B./Prager, J.U./Wieland, C. (2010), S. 11; sowie Kaiser, S./Pfeiffer, J. (2009), S. 16; sowie Stock-Homburg, S. (2013), S. 31.

[2] Vgl. Scholz, C. (2014), S. 8; sowie Kaiser, S./Pfeiffer, J. (2009), S. 16; sowie Stock-Homburg, S. (2013), S. 31.

[3] Vgl. Jasper, G./Horn, J. (2009), S. 6.

[4] Vgl. Jasper, G./Horn, J. (2009), S. 6.

[5] Vgl. Vogler-Ludwig, K./Düll, N. (2013), S. 94; Kaiser, S./Pfeiffer, J. (2009), S. 16 f.

[6] Vgl. Vogler-Ludwig, K./Düll, N. (2013), S. 94; sowie Scholz, C. (2014), S. 3ff.

Unter diesen Gesichtspunkten hat die Bedeutung der **Human Ressource**[7] von Organisationen stark zugenommen.[8] Die Mitarbeiter bilden eine fundamentale Basis für den langfristigen wirtschaftlichen **Erfolg** von Unternehmen.[9]

Häufig wird die **Personalstruktur** eines Unternehmens als eine **strategische Zielgröße** betrachtet, die zum maßgeblichen Erfolg des Unternehmens beiträgt und dadurch langfristig gesehen ihre **Existenz** sicherstellt.[10] Schließlich sind es die Menschen in den Organisationen, die durch die Einbringung ihres **Wissens** und **Kompetenzen** sowie durch **Entwicklung** und Umsetzung neuer Ideen über die **Innovationsfähigkeit** der einzelnen Unternehmen entscheiden.[11]

Zurecht erkennen *Ritz und Sinelli (2011),* dass *„Fabrikhallen [...] nicht länger den Reichtum von Organisationen aus [machen, d. Verf.], sondern das Wissen, die Kreativität und die Lernfähigkeit der Mitarbeitenden."*[12] Das Angebot an qualifizierten und gut ausgebildeten Fachkräften wird jedoch durch den **demografischen Wandel** kontinuierlich schrumpfen.[13]

1.1 Problemstellung und Ausgangssituation

Der **Ausbildungsmarkt** in Deutschland befindet sich ebenfalls im Wandel und erste Veränderungen sind bereits zu spüren. In einer *Online Umfrage der deutschen Industrie und Handelskammer (DIHK)* beklagen die befragten Unternehmen, dass sich die Besetzung von offenen Ausbildungsstellen noch nie als so schwierig herausgestellt habe als im Ausbildungsjahr 2014.

---

[7]Im strategischen Human Ressource Management werden die Mitarbeiter eines Unternehmens als immaterielle strategische Ressource betrachtet, die durch Entwicklung, Beschäftigung und Organisation nachhaltig zur Unternehmensleistung beitragen und gemeinsam mit anderen strategischen Ressourcen des Unternehmens den Unternehmenswert bestimmen. Vgl. Schwarz, D. (2010), S. 18; siehe auch Christophori, B. (2016), S. 58.

[8] Vgl. Weinrich, K. (2015), S. 20.

[9] Vgl. Olesch, G. (2016), S. 13.

[10] Vgl. Schwarz, D. (2010), S. 18.

[11] Vgl. Gröneweg, C. et al. (2015), S. 201; Brand, A. et al. (2015a), S. 47; Gutachten der Expertenkommission Forschung und Innovation (EFI) (2016), S. 40, von http://www.e-fi.de/gutachten.html abgerufen.

[12] Vgl. Ritz, A./Sinelli, P. (2011), S. 4.

[13] Vgl. Kaiser, S./Pfeiffer, J. (2009), S. 16 ff.

Insgesamt blieben 32 Prozent der befragten Unternehmen erfolglos bei der **Rekrutierung Auszubildender** und konnten nicht alle angebotenen Ausbildungsplätze besetzen.[14] Obwohl der **Mittelstand** insgesamt[15] mit 83 Prozent den größten Anteil an **Ausbildungsplätzen** zur Verfügung stellt,[16] haben sie die größten Probleme bei der Besetzung von Ausbildungsplätzen.[17] Dies stellt **mittelständische Unternehmen** vor der Herausforderung ihre **Personalpolitik**,[18] insbesondere im Hinblick auf die **Fachkräfte- und Nachwuchssicherung** zu überdenken und zukunftsträchtige Handlungsstrategien zu entwickeln.[19] Doch gerade mittelständische Unternehmen müssen durch ihre spezifischen Rahmenbedingungen große Hürden überwinden, bevor ihnen der Weg zu einer strategisch ausgerichteten Personalpolitik[20] gelingen kann.[21]

Vor diesem Hintergrund drängen sich insbesondere folgende Fragen auf: worin liegen die Ursachen für die Stellenbesetzungsprobleme in mittelständischen Unternehmen, wie entwickelt sich zukünftig das Arbeitskräfteangebot und die Arbeitskräftenachfrage und inwiefern wirken sich in Deutschland die voranschreitenden demografischen Veränderungen auf das Fachkräfteangebot und die Fachkräftenachfrage aus.

---

[14] Vgl. DIHK Online Unternehmensbefragung (2015), S. 5 und S. 16.

[15] Hier werden laut IfM Bonn alle Unternehmen mit weniger als 500 Mitarbeitern und weniger als 50 Mio. Euro Jahresumsatz berücksichtigt. http://www.ifm-bonn.org/definitionen/kmu-definition-des-ifm-bonn/.

[16] Vgl. Bundesministerium für Wirtschaft und Energie (BMWI) (Hrsg.) (2014), S. 2, abgerufen von http://www.bmwi.de/DE/Service/suche.html (Stand von Dezember 2014).

[17] Vgl. BIBB Datenreport (2016), S. 221.

[18] Unter dem Begriff der Personalpolitik werden einerseits Grundsatzentscheidungen im Personalwesen (policies) verstanden, andererseits wird dadurch der politische Entwicklungsprozess ausgedrückt (politics), der sich mit der Durchsetzung oft unterschiedlicher Interessen der sozialen Akteure beschäftigt. Aufgrund der inhaltlichen Beschreibung als Plan, entspricht der Begriff Personalpolitik, im Sinne des strategischen Human Ressource Managements, die Personalstrategie eines Unternehmens. Vgl. Schwarz, D. (2010), S. 18; sowie Jochims, T. (2010), S. 3ff.

[19] Vgl. Buttenberg, K. (2013), S. 7 & S. 10; Jasper, G./Horn, J. (2009), S. 6; sowie Alfes, Kerstin (2009), S. 1.

[20] Der Begriff Personalpolitik entspricht den spezifischen Charakteristiken mittelständischer Unternehmen, deshalb sollte vor allem bei diesen Unternehmenstypen auf die Verwendung des Begriffs Personalpolitik anstelle des Personalmanagements zurückgegriffen werden. Im weiteren Verlauf der vorliegenden Untersuchung wird dies auch noch zu zeigen sein. Vgl. Jochims, T. (2010), S. 4.

[21] Vgl. Nerdinger, F.W./Müller, C./Klinger, C. (2015), S. 11.

Da diesbezüglich auf keine bisherigen Erfahrungen zurückgegriffen werden kann, müssen entsprechende Handlungsfelder aufgedeckt und neue Strategien entwickelt werden.[22]

1.2 Zielsetzung und Fragestellung

Obwohl **Politiker** und **Wissenschaftler** die Bedeutung von mittelständischen Unternehmen anerkennen ist zum jetzigen **Stand der Forschung** festzustellen, dass bisher wenige **Personalkonzepte** existieren, die auf die speziellen Rahmenbedingungen und **Charakteristiken** des **Mittelstands** zugeschnitten sind.[23]

Deshalb ist die **Zielsetzung** der vorliegenden Untersuchung, zunächst die **Stärken** und **Schwächen** mittelständischer Personalpolitik zu identifizieren und Herausforderungen der externen Unternehmensumwelt zu analysieren. Damit sollen fundierte Handlungsfelder mit dem **Fokus** auf die **Rekrutierung** von **Auszubildenden** für die Umsetzung in mittelständischen Unternehmen identifiziert werden.

Den vorherigen dargelegten Ausführungen entsprechend, ergeben sich zunächst für die vorliegende Untersuchung folgende zentrale **Fragestellungen**:

1. **Wer** oder **was** ist der deutsche **Mittelstand**? Was macht den deutschen Mittelstand **einzigartig** und worin liegt seine **Andersartigkeit** begründet? Was **unterscheidet** mittelständische Unternehmen von anderen Unternehmenstypen?

2. Wie kann der **Beschäftigungsbeitrag** mittelständischer Unternehmen **erfasst** und **bewertet** werden? Welche **Chancen** bietet die betriebliche **Berufsausbildung** zur **Fachkräfte- und Nachwuchssicherung** für mittelständische Unternehmen?

3. Welche besonderen **Rahmenbedingungen** kennzeichnet **mittelständische Personalpolitik**, welche **Auswirkungen** haben die fundamentalen **Megatrends** auf die Rekrutierung von Auszubildenden und wie können

---

[22] Kay, R./Richter, M. (2010), S. 24.
[23] Vgl. Meyer, J. A. (2012), S. 4 ff.; Richter, M. (2009), S. 10 ff.

die zukünftigen **Herausforderungen** in diesen Unternehmen bewältigt werden?

4. In welchen Berufsfeldern, Wirtschaftszweigen und Regionen sind bereits **Fachkräfte- und Auszubildendenengpässe** zu spüren? Welche **Gründe** und Lösungsstrategien können für die wachsenden **Versorgungsprobleme** von Lehrstellennachfrager und die steigenden **Besetzungsprobleme** von Ausbildungsstellenangeboten gefunden werden?

1.3 Kapitelaufbau und Vorgehensweise

Abbildung 2 stellt den Aufbau der Studie grafisch dar. Ergänzend dazu folgt eine ausführliche Erläuterung über den Aufbau und Vorgehensweise der Studie.

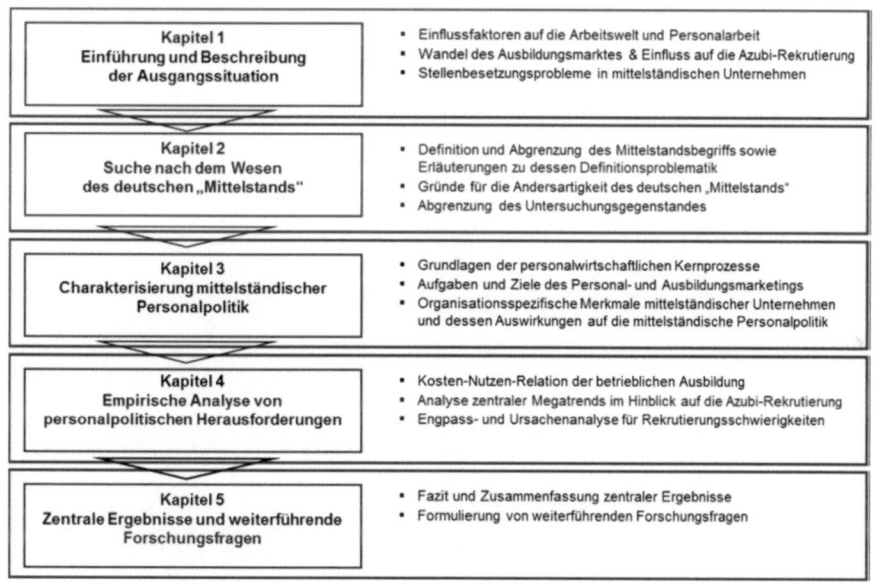

Abbildung 2: Aufbau der vorliegenden Studie (Quelle: eigene Darstellung)

Insgesamt **gliedert** sich die Studie in **5 Kapitel**. Nach diesem ersten rahmen gebenden und einleitenden Abschnitt, folgt **Kapitel 2** mit der Suche nach dem Wesen des **deutschen Mittelstandes** und die damit verbundene **Definitionsproblematik**. Hier sollen **Fragen**, wie *was macht den deutschen Mittelstand einzigartig und worin liegt seine Andersartigkeit begründet* auf den Grund gegangen werden. In der Literatur werden die **Begriffe** klein und mittlere Unternehmen (KMU), mittelständische Unternehmen und Familienunternehmen häufig gleichgesetzt und synonym verwendet. Der Autor hält dies jedoch für **problematisch** und unangemessen. Die Gründe für die **Kritik** an der **synonymen Verwendung**, der verschiedenen Begrifflichkeiten, werden in diesem Kapitel offengelegt. Da eine klare **Abgrenzung** des Mittelstandsbegriffs nach wie vor eine große **Herausforderung** darstellt, soll zunächst der Versuch unternommen werden, die verschiedenen Begriffe in diesem Kapitel voneinander abzugrenzen. Dies ist insofern wichtig, da die besonderen Charakteristika mittelständischer Unternehmen herausgearbeitet werden müssen, damit die weiterführende Analyse der Studie an die Bedürfnisse mittelständischer Unternehmen ausgerichtet ist und nicht umgekehrt. Dazu sollen u.a. die verschiedenen **Definitionsansätze** vorgestellt und diskutiert werden. Der **Schwerpunkt** liegt hierbei auf der Detaillierung der Besonderheiten **mittelständischer Unternehmen**, im **Vergleich** zu anderen Unternehmenstypen. Da keine allgemein gültige **Definition** des Mittelstandsbegriffs existiert, soll abschließend eine **zweckmäßige** und **zielgerichtete** Arbeitsdefinition für die vorliegende Studie abgeleitet werden.

Nachdem die Grundlagen geschaffen wurden, beschäftigen sich **Kapitel 3 und 4** mit dem **Kernstück** der vorliegenden Studie.

In **Kapitel 3** werden zunächst die Grundlagen der **personalwirtschaftlichen Kernprozesse** sowie die Aufgaben und Ziele des **Personal- und Ausbildungsmarketings** vorgestellt. Die **inhaltliche Ausgestaltung** der personalwirtschaftlichen **Teilprozesse**, kann zwar je nach Unternehmensgröße und –typ, von Art und Umfang variieren, jedoch unterscheiden sie sich nicht hinsichtlich ihrer Bestandteile. Das Personalmarketing wird als **Querschnittfunktion** des Personalmanagements verstanden. Vor dem Hintergrund eines **verschärften Wettbewerbs**, um geeignete Bewerber, bildet das **Personalmarketing** einerseits eine essenzielle Grundlage zur Sicherstellung des Fachkräftebedarfs der Unternehmen, andererseits trägt es zu einer **geringen Personalfluktuation** (u.a. aufgrund einer starken Mitarbeiterbindung) bei.

Danach soll der **Forschungsfrage** nachgegangen werden, *welche besonderen Rahmenbedingungen, die mittelständische Personalpolitik im Vergleich zu nicht mittelständischen Unternehmen kennzeichnet.* Um sich der **Antwort** anzunähern, ist es zunächst erforderlich, **spezifische Organisationsmerkmale** aufzudecken, die auf tendenzielle Unterschiede hinsichtlich der Ausgestaltung der **mittelständischen Personalpolitik**, im Vergleich zu nicht mittelständischen Unternehmen hinweisen. Anschließend analysiert der Autor die internen **Stärken** und **Schwächen** der mittelständischen **Personalpolitik** auf Basis der abgeleiteten organisationsspezifischen Merkmale mittelständischer Unternehmen. In diesem Kontext betrachtet der Autor zunächst die **quantitativen** Kern **Charakteristiken** mittelständischer Unternehmen. Hierbei liegt der **Schwerpunkt** auf der Analyse der **Beschäftigungsstruktur** und des **Beschäftigungsbeitrags** kleiner und mittlerer Unternehmen einschließlich deren **Ausbildungssituation** im Vergleich zu Großunternehmen. Damit die quantitativen **Kern Charakteristiken** mittelständischer Unternehmen untersucht werden können, muss der Autor hierbei **hilfsweise** auf den quantitativ definierten **KMU Begriff** zurückgreifen.

Anschließend betrachtet der Autor **qualitative Merkmale**, die im Hinblick auf die Ausgestaltung der **Personalpolitik** einer starken **Bedeutung** beizumessen sind. Die **Auswirkungen** und Bedeutung dieser **Unterschiede** werden im Anschluss mit Blick auf entsprechende **Potenziale** und **Herausforderungen** diskutiert.

Im **Kapitel 4** untersucht der Autor zunächst die **Kosten-Nutzen-Relation** der betrieblichen Ausbildung sowie die **Chancen** und **Risiken** der **betrieblichen Ausbildung** für mittelständische Unternehmen. Daran schließt eine Betrachtung verschiedener Studien- bzw. Befragungsergebnisse aus der Sicht mittelständischer Unternehmen an, beispielsweise *wie sie hinsichtlich ihren personalpolitischen Handlungsfeldern, insbesondere mit Blick auf die Rekrutierung von Auszubildenden aufgestellt sind und worin sie die Ursachen für* **Rekrutierungsprobleme** *von Lehrstelleninteressierten sehen.*

Da Unternehmensinterne und Unternehmensrelevante externe Rahmenbedingungen ebenfalls die Personalpolitik mittelständischer Unternehmen **beeinflussen**, stellt dies die Personalbeschaffung vor neuen Herausforderungen, die es im Kampf um die besten Bewerber zu bewältigen gilt. Da die **Umweltfaktoren** nur in einem geringen Maße beeinflussbar sind, ist es äußerst wichtig, die externen Einfußfaktoren hinsichtlich ihren **Auswirkungen** und **Konsequenzen** für die mittelständische Personalpolitik, insbesondere der **Rekrutierung** von

Lehrstellenbewerbern zu analysieren.[24] Deshalb soll hier eine **Trendanalyse** durchgeführt werden. Hier soll vor allem der **Frage** nachgegangen werden, *welche Megatrends auf die mittelständische Personalpolitik bzw. Rekrutierungspolitik einwirken und welche Risiken dadurch für mittelständische Unternehmen hinsichtlich der Rekrutierung von Lehrstelleninteressierten zukünftig entstehen werden.* **Ziel** ist es dadurch, frühzeitig- bedrohliche oder auch erfolgsversprechende Chancen der mittelständischen Rekrutierungspolitik zu identifizieren.[25]

Am Ende führt der Autor, mittels verschiedener Studien eine **Engpass- und Ursachenanalyse** durch. Dadurch sollen mögliche Erklärungen für **Passungs- und Versorgungsprobleme** auf dem **Ausbildungsmarkt** gefunden werden. In diesem Kontext sollen auch **Ursachen** für **Stellenbesetzungsprobleme** in mittelständischen Ausbildungsbetrieben erörtert werden sowie Ursachen für **Versorgungsprobleme** Lehrstelleninteressierter. Auf Basis der Analyseergebnisse folgt eine **Einschätzung** bezüglich der zukünftigen **Herausforderungen** und **Handlungsfelder** mittelständischer Personalpolitik. Dadurch sollen **Passungsprobleme** im Rekrutierungsprozess und berufliche Unzufriedenheit von Auszubildenden reduziert werden.

Kapitel 5 stellt die **zentralen Ergebnisse** der vorliegenden Arbeit vor. Abgerundet wird das ganze durch die Formulierung weiterführender **Forschungsfragen**, die dabei anregen sollen über die Neuausrichtung der mittelständischen Personalpolitik, insbesondere hinsichtlich der Rekrutierung von Auszubildenden (und den damit verbundenen Chancen und Risiken) nachzudenken.

---

[24] Vgl. DGFP e. V. (2006), S. 37.

[25] Vgl. Ungericht, B. (2012), S.104.

2. Der Mittelstandsbegriff und die problematische Verwechslung unterschiedlicher Begrifflichkeiten

2.1 Annäherungsversuche des Mittelstandsbegriffs

In Deutschland bildet der **Mittelstand** im Vergleich zu anderen Europäischen Ländern eine besondere **Unternehmerlandschaft** ab. So wundert es kaum, dass im Zentrum zahlreicher Studien häufig die Frage nach der **volkswirtschaftlichen Bedeutung** deutscher Mittelständler steht.[26] Im **internationalen** Raum existiert kein vergleichbares Phänomen. Dies erklärt, wieso der Begriff „Mittelstand" bisher in keiner anderen Sprache übersetzt worden ist und stattdessen häufig auf dem Begriff „**German Mittelstand**"[27] zurückgegriffen wird.[28]

Vor diesem Hintergrund stellt sich die Frage was unter dem deutschen Mittelstandsbegriff zu verstehen ist? Wieso hat er solch eine starke faszinierende Ausstrahlungskraft - weit über Deutschland hinaus, auf Wirtschaft, Forscher und Gesellschaft?

Betrachtet man „**Mittelstand**", als Wort für sich, so **assoziiert** man auf den ersten Blick damit einen qualitativen Begriff.[29] Da „Mitte" oder „Mittel" ein oben und unten voraussetzt oder horizontal gesehen, links oder rechts.[30] Daran wird deutlich, dass die „**Mitte**" sich nicht ohne Bezugnahme auf einen **Kontrast** erklären lässt.[31] Doch was befindet sich jenseits der Mitte? Wie lässt sich der Mittelstand jenseits der Mitte erklären und abbilden?

---

[26] Vgl. Wolf, J./ Paul.H./ Zipse, T. (2009), S. 13f; sowie Berlemann, M./Jahn, V. (2014), S. 22

[27] Im anglo-amerikanischen Sprachraum sind eher die Begriffe „small and medium sized enterprises" (SME) oder „small and medium sized business" gebräuchlich, die dazu verwendet werden Unternehmen quantitativ, i.d.R. nach Größenkriterien voneinander Abzugrenzen. In Deutschland hat sich in diesem Kontext der KMU Begriff (kleine und mittlere Unternehmen) herausgebildet. Siehe dazu auch Welter, Friederike et al. (2015), S. 1; sowie Kay, R./Richter, M. (2010), S. 11.

[28] Vgl. Welter, F. et al. (2015), S. 1; sowie Kay, R./Richter, M. (2010), S. 11.

[29] Vgl. Gantzel, K.J. (1962), S. 1.

[30] Links oder rechts sind in diesem Kontext nicht politisch zu verstehen, sondern lediglich als Position der Horizontale. Siehe dazu auch Gantzel, K.J. (1962), S. 1.

[31] Aus diesen Grund zweifeln Kritiker die Wissenschaftlichkeit dieses Begriffs an. Vgl. Gantzel, K.J. (1962), S. 1.

Der Ausdruck Mittelstand wird unter **soziologischen Aspekten** im gebräuchlichen Sinne als eine **gesellschaftliche Schicht,** zwischen zwei Schichten bezeichnet.[32] In der **Betriebswirtschaftslehre** beschreibt der Mittelstandsbegriff einen **Teilbereich** der gesamten Unternehmerlandschaft, der sich durch spezifische **Charakteristika** und **Definitionsmerkmale** von der Gesamtheit aller existierenden Unternehmen abhebt.[33] In der **Mittelstandsforschung** können sowohl **quantitative** als auch **qualitative** Kriterien herangezogen werden, um die Begriffe Mittelstand und kleine und mittlere Unternehmen (KMU) zu beschreiben.[34]

Quantitative Merkmale, klassifizieren Unternehmen anhand von **Größenkriterien,** wie Jahresumsatz, Beschäftigtenanzahl und/oder Bilanzsumme.[35] Quantitative Definition, die Unternehmen anhand von Größenkriterien **kategorisieren,** sagen jedoch nichts über den **mittelständischen Charakter** aus. Ebenso tragen sie nicht zur Klärung der ursprünglichen **Bedeutung** des Mittelstandsbegriffs bei. Stattdessen haben diese Definitionen zur Herausbildung des **Begriffs KMU** beigetragen. Auch wenn viele kleine und mittlere Unternehmen der Kategorie **Mittelstand** und/oder **Familienunternehmen** zuzuordnen sind darf er nicht mit diesen Begrifflichkeiten gleichgesetzt werden.[36]

Quantitative Definitionen sind jedoch unerlässlich, wenn es darum geht aufschlussreiche Informationen über die **volkswirtschaftliche Bedeutung** bestimmter Unternehmenstypen zu erhalten.[37] Außerdem bilden sie eine wichtige **Grundlage** für Entscheidungsträger der **Wirtschaftspolitik** (z. B. für Mittelstandsförderungsprogramme der Europäischen Kommission).[38]

Jedoch vertreten einige Wissenschaftler der **Mittelstandsforschung** die Ansicht, dass die Unternehmensgröße kein ausschlaggebendes **Kriterium** sein darf, um **Förderungsmittel** oder **Subventionen** zu erhalten.

---

[32] Vgl. Gantzel, K.J. (1962), S. 1.

[33] Vgl. Reinemann, H. (2011), S. 2.

[34] Vgl. Berlemann, M./Jahn, V. (2014), S. 23; sowie Reinemann, H. (2011), S. 2.

[35] Vgl. Becker, W./Ulrich, P. (2011), S. 19.

[36] Vgl. Hausch, K.T. (2004), S. 14.

[37] Vgl. Hausmann, T./Zdrowomyslaw, N. (2013), S. 25; sowie Statistisches Bundesamt (2014), S. 40.

[38] Vgl. Europäische Kommission (2006), S. 5ff.

Stattdessen sollte die **Andersartigkeit** von Unternehmen als entscheidendes **Kriterium** herangezogen werden.[39] Doch was bedeutet das genau? Was bedeutet in diesem Fall Andersartigkeit? Wenn davon ausgegangen wird, dass der **Mittelstandbegriff** über den Begriff KMU hinausgeht - von daher mittelständische Unternehmen keinen **Größenklassen** unterliegen, dann müssen **qualitative Merkmale** herausgearbeitet werden, die dazu beitragen, die **Unterschiede** von nicht mittelständischen Unternehmern deutlich und **messbar** hervorzuheben.[40]

Diesbezüglich hat der **quantitative Ansatz** entscheidende **Vorteile**. Die **Größenindikatoren**, Umsatz, Beschäftigtenzahl und Bilanzsumme sind **statistisch** **verfügbar** und **verarbeitbar**. Dies erweist sich insbesondere in der **Forschung** als vorteilhaft, da die **Ergebnisse** dadurch vergleichbar, abgrenzbar und nachvollziehbar sind.[41]

Die **qualitative Dimension** beschreibt hingegen ausschließlich **ökonomische**, **psychologische** und **gesellschaftliche Aspekte**, die den mittelständischen **Charakter** prägen.[42] Unter Berücksichtigung dieser Aspekte wird einerseits unter dem Mittelstand die **Unternehmenspersönlichkeit**, die einen erheblichen Einfluss auf die **Unternehmens-** und **Führungskultur** hat und darüber hinaus interdisziplinäre Verantwortungsfunktionen wahrnimmt verstanden. Andererseits werden darunter die **unabhängigen**, kleinen und mittleren Unternehmen zusammengefasst, die durch solch eine Unternehmerpersönlichkeit geprägt und geführt werden.[43]

Da die statistische **Erhebung** der Eigner- und Führungsstruktur sehr aufwendig und schwer erfassbar ist, berücksichtigen Forscher und Politiker in der Praxis häufig auch **quantitative Abgrenzungskriterien**.[44]

---

[39] Vgl. Hamer, E. (2013), S. 31.

[40] Siehe dazu auch Gantzel, K.J. (1962), S. 134.

[41] Vgl. Reinemann, H. (2011), S. 3.

[42] Vgl. Kay, R./Richter, M. (2010), S. 11; sowie Reinemann, H. (2011), S. 2.

[43] Vgl. Hausch, K.T. (2004), S. 12f.

[44] Dies liegt u.a. daran, dass die Mehrheit der mittelständischen Unternehmen von der Publizitätspflicht befreit ist, weil sie die Größengrenzen des § 267 HGB nicht überschreiten. Zudem kommunizieren Privateigentümer ungern interne Unternehmensinformationen nach außen.

Grundsätzlich können **drei** verschiedene **Ansätze** unterschieden werden. Eine Definition nach rein quantitativen oder qualitativen Abgrenzungsmerkmalen, sowie eine Definition die sowohl quantitative als auch qualitative **Abgrenzungskriterien** berücksichtigt.[45] Eine Definition die beide Abgrenzungskriterien **kombiniert** hat den Vorteil, dass Kriterien die den mittelständischen Charakter prägen miteinbezogen werden und gleichzeitig eine **statistische Einheit** gebildet werden kann.[46] Im Folgenden werden die in der Forschung und Praxis am häufigsten angewandten **Definitionsansätze** für den Mittelstands- und KMU Begriff vorgestellt und diskutiert.

2.1.1 Die qualitative Mittelstandsdefinition des IfM Bonn

Das Bonner Institut für Mittelstandsforschung (IfM Bonn) definiert den **Mittelstandsbegriff** über das Merkmal **Einheit von Eigentum und Leitung.**[47] Damit bei **empirischen** bzw. statistischen **Forschungsarbeiten**, mittelständische Unternehmen aus der **Gesamtheit** aller Unternehmen **identifiziert** werden können, hat das IfM Bonn die qualitative Mittelstandsdefinition **operationalisiert**. Demnach zeichnen sich mittelständische Unternehmen dadurch aus, dass sie familien- oder eigentümergeführt sind. Dabei muss die **Geschäftsführung** mindestens 50 Prozent der **Unternehmensanteile** besitzen.[48] Nach der Auffassung des IfM Bonn zählen auch Unternehmen zum Mittelstand, wenn sie die **quantitativen Grenzwerte** der KMU-Definition (mehr als 500 Beschäftigte und mehr als 50 Mio. EUR Jahresumsatz) **überschreiten**, sofern sie die zuvor genannten Kriterien erfüllen.[49] Das **IfM Bonn** unterscheidet die Begriffe Mittelstand, Familienunternehmen, Eigentümerunternehmen und familiengeführte Unternehmen nicht und verwendet die Begriffe **synonym** zueinander.[50]

---

[45] Vgl. Arentz, O./Münstermann, L. (2013), S. 3; sowie Becker, W./Ulrich, P. (2011), S. 19ff.

[46] Vgl. Hausch, K.T. (2004), S. 12f.

[47] Vgl. IfM Bonn: www.ifm-bonn.org (Zugriff: 03.05.2016).

[48] Vgl. IfM Bonn: www.ifm-bonn.org (Zugriff: 03.05.2016).

[49] Vgl. IfM Bonn: www.ifm-bonn.org (Zugriff: 03.05.2016).

[50] Vgl. IfM Bonn: www.ifm-bonn.org, Absatz 6 (Zugriff: 05.05.2016). In der Literatur herrscht keine Einigkeit darüber, ob die Begriffe synonym zu verstehen sind oder nicht, u. a folgen auch Arentz, O./Münstermann, L. (2013), S. 3, der Auffassung die Begriffe Mittelstand und Familienunternehmen gleichzusetzen.

Hingegen finden sich sowohl in der **Forschung** als auch in der Praxis **kontroverse Meinungen**, die sich kritisch gegen eine synonyme Verwendung der Begrifflichkeiten aussprechen.[51]

Ebenso **unterscheidet** der Autor, trotz teilweise inhaltlicher **Überschneidung**, die verschiedenen Begriffe Mittelstand, KMU und Familienunternehmen. Inwiefern sich die beiden Begriffe Mittelstand und Familienunternehmen voneinander unterscheiden wird im Kapitel 2.3.3 herausgearbeitet, ohne dabei den Anspruch auf Vollständigkeit zu erheben.

Zusammenfassend ist festzuhalten, dass in der Forschungsliteratur und Praxis als **zentrales Merkmal** mittelständischer Unternehmen, die besondere Konzentration der **Eignerschaft- und Führungsstruktur** in einer Hand identifiziert werden kann. Dabei ist festzustellen, dass die **statistische Erhebung** der Eigentums- und Leitungsfunktion für die empirische Forschung eine **Herausforderung** darstellt. Eine **Definition** sollte jedoch auch in der **empirischen Forschung** anwendbar sein. Voraussetzung dafür ist eine eindeutige und **nachvollziehbare** Definition sowie eindeutige **Abgrenzung** des Untersuchungsgegenstands. Das bedeutet wiederum, dass die Merkmale identifizierbar bzw. statistisch verfügbar sind. Damit sie vergleichbar und für andere Wissenschaftler nachzuvollziehen sind.

2.1.2 Familienunternehmen sind von mittelständischen Unternehmen zu unterscheiden

Nachdem ein erster Blick in die **Forschungsliteratur** gewagt wurde, werden gleich erste **Schwierigkeiten** ersichtlich. Obwohl eine **variantenreiche** Menge an **Definitionen** für Familienunternehmen gefunden werden können, bleibt die Suche nach einer **allgemein anerkannten Definition** auch hier unerfüllt.[52] Da in der **vorliegenden Studie** in dem vorgegebenen Rahmen, nicht das Thema der **verschiedenen Definitionsansätze** von Familienunternehmen in der

---

[51] Vgl. siehe dazu beispielsweise Hausmann, T./Zdrowomyslaw, N. (2013), S. 26; die sich deutlich gegen eine synonyme Verwendung der beiden Begrifflichkeiten aussprechen. Ebenso sieht das die Stiftung Familienunternehmen (2014), S. 13; sowie Hausch, K.T. (2004), S. 28ff, und Fischer, D. (2012), S. 40ff.

[52] Vgl. Halder, A. (2016), S. 26; sowie Stietencron, P. (2013), S. 18.

Vollständigkeit und Vielzahl bearbeitet werden kann, sei an dieser Stelle vorab auf weiterführende **Literatur verwiesen**.[53]

Der **Schwerpunkt** in diesem Abschnitt, liegt auf der Ergründung des **Kernmerkmals** von **Familienunternehmen** und die dadurch begründete **Unterscheidung** von anderen Organisationsformen. Die in der Literatur und Medien wohl am **häufigsten** inhaltliche **Begriffsverwechslung** von Familienunternehmen, ist die Gleichsetzung mit dem deutschen Begriff des Mittelstands.[54]

Gründe für die Verwechslung der Begrifflichkeiten können wie bereits festgestellt darin liegen, dass keine allgemein anerkannte Definition der beiden Begrifflichkeiten existiert und dass ein Großteil der klein und mittleren Unternehmen, **familiengeführte** Unternehmen sind.[55] Dadurch liegt es also nahe, die beiden **Unternehmenstypen** miteinander gleichzusetzen. Jedoch greift diese Auffassung zu kurz, da Familienunternehmen **keinen Größengrenzen** unterliegen.[56] Deshalb sollten trotz **inhaltlicher Überschneidungen** der beiden Begrifflichkeiten, die Begriffe Familienunternehmen und Mittelstand, unabhängig voneinander verwendet werden, um nicht zuletzt **Missverständnisse** zu vermeiden.[57]

Eine **Annäherung** an dem Begriff Familienunternehmen, kann zunächst über folgende **Fragestellungen** geschehen: Was ist ein Familienunternehmen? Wie kann der Begriff „Familie" definiert werden? Und worin unterscheiden sich Familienunternehmen von nicht Familienunternehmen?

Wirtschaft und Gesellschaft haben i.d.R. eine klare **Vorstellung** darüber was sich hinter dem Begriff **Familienunternehmen** verbirgt. Die Mehrheit **assoziiert** damit i.d.R. die in Deutschland bekanntesten Unternehmen, wie Aldi, Bertelsmann, Bosch oder Henkel.

---

[53] In der vorliegenden Untersuchung werden die verschiedenen Definitionsansätze von Familienunternehmen, nicht weiter diskutiert, da dies den Rahmen der vorliegenden Untersuchung nicht zulässt. Stattdessen sei an dieser Stelle auf weiterführende Literatur verwiesen u.a. Klein, S.B. et al. (2010); Berthold, F. (2010); Gersick. K.E. (1997).

[54] Vgl. Berthold, F. (2010), S. 14.

[55] Vgl. Berthold, F. (2010), S. 14f; siehe dazu auch Kapitel 2.2.

[56] Vgl. Berthold, F. (2010), S. 14ff.

[57] Vgl. Hausmann, T./Zdrowomyslaw, N. (2013), S. 26.

Doch die **Unternehmerlandschaft** von Familienunternehmen ist **vielfältiger** und heterogener als es zunächst erscheinen mag.[58] Dabei unterscheiden sich Familienunternehmen **nicht nur** im Vergleich zu anderen Unternehmenstypen voneinander, **sondern auch** innerhalb ihrer Gruppe.[59] Dennoch haben sie ein **Kern Charakteristikum** gemeinsam: Sie alle sind mit ihrer Familie **verbunden**. Genau das macht diesen Unternehmenstyp zu etwas **Einzigartigem**.[60]

Vor diesem Hintergrund stellt sich die **Frage** wie der Begriff „Familie" definiert werden kann. Da der Begriff „**Familie**" auch im alltäglichen Sprachgebrauch verwendet wird, erweist sich zunächst eine trennscharfe **Abgrenzung** des Begriffs als überaus schwierig.[61] In der Literatur existiert auch keine einheitliche **Definition** des Familienbegriffs. So kann beispielsweise darunter die **Kernfamilie** (Mutter, Vater, Kind(er)) **oder** auch die **erweiterte Familie** (Kernfamilie einschließlich Verwandtschaft) verstanden werden.[62] Eins ist jedoch eindeutig: die Familie ist **emotional** und durch eine **gemeinsame Geschichte** stark miteinander verbunden.[63] So hat auch die **Familienunternehmensforschung** den Einfluss der Familie auf das Unternehmen als **besonderes Merkmal** der Familienunternehmen anerkannt und thematisiert diese Besonderheit dementsprechend häufig.[64]

Gründe für die **faszinierende Wirkung** von Familienunternehmen und das zunehmende **Forschungsinteresse** an dieser Unternehmensform liegen darin, dass sich Familienunternehmen durch die **Verflechtung** von **Famili**e („family"), **Unternehmen** („managers & employees") und **Eigentum** („owners") in ihrer Organisationsstruktur, Zieldefinitionen und Verhalten stark von nicht Familienunternehmen unterscheiden. Dies belegen auch zahlreiche Studien.[65]

---

[58] Vgl. Klein, S.B. (2010), S. 9.

[59] Vgl. May, P./Koeberle-Schmid, A. (2011), S. 656f.

[60] Vgl. Gersick, K.E. et al. (1997), S. 1.

[61] Vgl. Klein, S.B. (2010), S. 12.

[62] Vgl. Kraus, S. et al. (2011), S. 589. Ergänzend dazu siehe Klein, S.B. (2010), S. 10ff., hier findet eine detaillierte Diskussion des Familienbegriffs statt.

[63] Vgl. Halder, A. (2016), S. 27.; sowie Gersick, K.E. et al. (1997), S. 1ff.

[64] Vgl. Kraus, S. et al. (2011), S. 588f; sowie Stietencron, P. (2013), S. 18.

[65] Vgl. Kraus, S. et al. (2011), S. 590; sowie Berthold, F. (2010), S. 22.

Verstärkt wird das ganze durch den **dynastischen Willen** der Familie, der sich durch den **prägenden Einfluss** auf das Unternehmen, darin erkenntlich macht, das Unternehmen mindestens über eine **weitere Generation** aufrechtzuerhalten.[66] Daraus entsteht insgesamt zwischen unternehmerischer und familiärer Verantwortung ein besonderes **Spannungsfeld**, dass zusätzliches **Konfliktpotenzial** mitbringt.[67] Dies sei im folgendem, durch die **beispielhaften Ausführungen** *Gersick et al. (1997)* skizziert:

„The job of a CEO is different when the vice president in the next office is also a younger sister. The role of partner is different when the other partner is a spouse or a child. The role of a sales representive is different when you cover the same territory that your parent did twenty-five years earlier, and your grandparent twenty-five years before that [...]."[68]

An den Ausführungen von *Gersick et al.* wird deutlich, dass es einen deutlichen **Unterschied** macht, ob ein Familienmitglied gleichzeitig auch Gesellschafter des Unternehmens ist oder nicht und ob, um es zu komplizieren, noch **dritte Eigentümer** Einfluss auf das Unternehmen ausüben.[69] Ebenso macht es einen Unterschied, ob das Unternehmen schon seit **mehreren Generationen** fortgeführt wird oder nicht.[70]

Die besonderen **Spannungsfelder** können durch das von *Tagiuri und Davis (1982)* entwickelte **Drei-Kreis-Modell** dargestellt werden.[71] *Abbildung 3* zeigt das Drei-Kreis-Modell und visualisiert die verschiedenen Schnittstellen zwischen den verschiedenen **Einflussnuancen** eines Familienunternehmens. Insgesamt können innerhalb und zwischen den Systemen **sieben Rollenbilder** herauskristallisiert werden. Dabei können die Rollenbilder von Personen, die sich innerhalb oder um das Familienunternehmen befinden eingenommen werden.[72]

---

[66] Vgl. May, P./Koeberle-Schmid, A. (2011), S. 656.

[67] Vgl. Halder, A. (2016), S. 34.

[68] Vgl. Gersick, K.E. et al. (1997), S. 4.

[69] Vgl. Berthold, F. (2010), S. 22.

[70] Vgl. Vgl. Gersick, K.E. et al. (1997), S. 4.

[71] Vgl. Gersick, K.E. (1997), S. 5.

[72] Vgl. Berthold, F. (2010), S. 22; Die Rollenbilder werden in der vorliegenden Studie nicht weiter spezifiziert, deshalb sei an dieser Stelle auf weiterführende Literatur verwiesen, u.a. Gersick, K.E. et al. (1997), S. 4ff.; sowie Halder, A. (2016), S. 34ff.

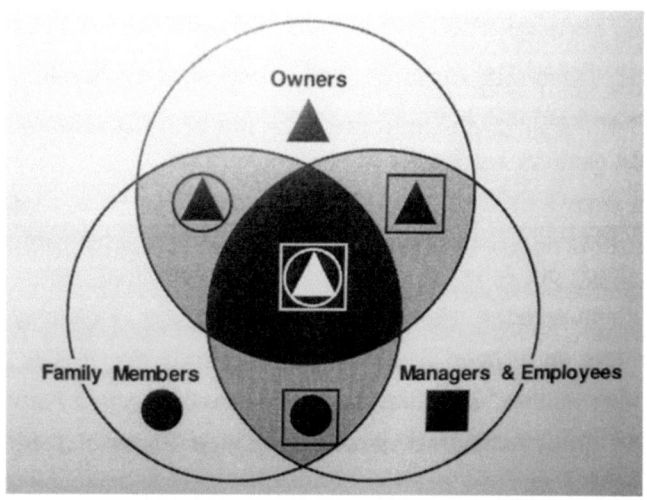

Abbildung 3: Das Drei-Kreis-Modell von Familienunternehmen (Quelle: Berthold, F. (2010), S. 22).[73]

So unterschiedlich die verschiedenen **Definitionsansätze** auch erscheinen, haben sie eines **gemeinsam**: eine oder mehrere **Familien** üben **Einfluss** auf das Unternehmen aus.[74] Doch wie kann der Einfluss von Familie auf das Unternehmen gemessen werden?

Einen Ansatz, um den Einfluss der Familie auf das Unternehmen zu messen, ist die validierte **F-PEC Skala**, die von *Astrachan et al.*[75] entwickelt wurde.[76] Durch den Einsatz dieser Skala, soll der **Grad der Familieneinbindung** bzw. das Ausmaß der Einflussnahme durch die Familie auf das Unternehmen erfasst werden.[77] Die **Skala** misst drei **Ausprägungskriterien** von Familieneinfluss: Macht (**P**ower), Erfahrung (**E**xperience) und Kultur (**C**ulture).[78] Dabei steht die **Bezeichnung** der *F-PEC* Skala für *„Family influence durch Power, Experience und Culture".*[79]

---

[73] Siehe dazu auch Gersick, K.E. (1997), S. 6.

[74] Vgl. May, P./Koeberle-Schmid, A. (2011), S. 656.

[75] Vgl. Astrachan et al. (2002), S. 46; sowie Klein, S.B./Astrachan, J.H./Symrnios, K.X. (2005), S. 321-340.

[76] Vgl. Sietencron, P. (2013), S. 25; sowie Halder, A. (2016), S. 32.

[77] Vgl. Halder, A. (2016), S. 31.

[78] Vgl. Klein, S.B. et al. (2010), S. 14ff; sowie Kraus, S. et al. (2011), S. 591; und Halder, A. (2016), S. 31.

[79] Vgl. Klein, S.B. et al. (2010), S. 14.

Der **Gesamtaufbau** der **F-PEC Skala** wird inklusive der einzelnen Sub-Skalen: Macht, Erfahrung und Kultur durch *Abbildung 4* dargestellt. Außerdem gibt Abbildung 4 einen inhaltlichen Überblick über die drei Sub-Skalen.[80]

Insgesamt stellt die F-PEC Skala ein **valides**, jedoch auch in der Anwendung umfangreiches **Messinstrument** dar, um Familienunternehmen von nicht Familienunternehmen abzugrenzen.[81]

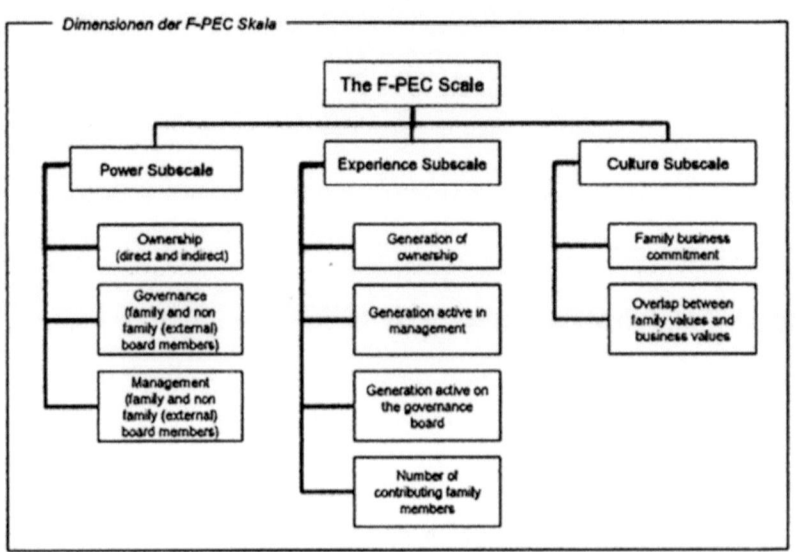

Abbildung 4: Die drei Säulen der F-PEC Skala (Quelle: Halder, A. (2016), S. 31).[82]

Abschließend kann festgehalten werden: es gibt keine allgemein gültige Antwort auf die Frage, was ein Unternehmen zu einem **Familienunternehmen** macht und worin sie sich von nicht Familienunternehmen unterscheiden. Jedoch sollten alle Forscher ihre **Definitionskriterien** explizit **offenlegen**, damit eine **Diskussion** untereinander möglich ist und dadurch Gemeinsamkeiten und Unterschiede zu anderen Studien deutlich hervorgehoben werden.[83]

---

[80] Für weitere Informationen zu den Inhalten der drei Säulen (Macht, Erfahrung, Kultur), sei an dieser Stelle u.a. auf *Halder, A. (2016), S. 31* verwiesen.

[81] Vgl. Halder, A. (2016), S. 32.

[82] Astrachan et al. (2002) zit. n. Halder, A. (2016), S. 31.

[83] Vgl. Kraus, S. et al. (2011), S. 591; sowie Klein, S.B./Astrachan, J.H./Smyrnios, K.X. (2005), S. 322ff.

2.2 Quantitative Definitionsansätze: Abgrenzung zwischen kleinen, mittleren und großen Unternehmen

Bei den Erläuterungen der **quantitativen Definitionen** weicht der Autor von der Verwendung des Mittelstandsbegriffs ab und zieht hilfsweise den **KMU Begriff** heran. Jedoch bedeutet dies **weder** dass der Autor die beiden Begriffe KMU und Mittelstand gleichsetzt **noch,** dass er die Begriffe in der Arbeit synonym verwendet.

Der KMU[84] Begriff wird vornehmlich dazu verwendet klein, mittlere und große Unternehmen voneinander **abzugrenzen** und stellt deshalb lediglich eine **Größenkategorisierung** dar.[85] Im Umkehrschluss lässt darauf schließen, dass zu der Kategorie KMU, sowohl **Mittelständler** und **Familienunternehmen**, also auch unselbstständige und konzerngebundene Unternehmen gehören können, wobei letztere Unternehmenstyp eher selten vertreten ist.[86]

Damit die **volkswirtschaftliche Bedeutung** der qualitativ definierten mittelständischen Unternehmen sowie qualitativ definierten Familienunternehmen, bewertet werden können, werden **Hilfskriterien** benötigt. In diesem Fall wird häufig auf die quantitative KMU Definition zurückgegriffen.[87] Da sich die vorliegende Studie auch mit dem **Beschäftigungsbeitrag** mittelständischer Unternehmen befasst, müssen die verschiedenen KMU Definitionen berücksichtigt und diskutiert werden.

2.2.1 Das Handelsgesetzbuch als Grundlage von quantitativen Definitionen

Das **Handelsgesetzbuch** bildet mit dem § 267 HGB die **Grundlage** quantitativer Definitionen. Der **mehrdimensionale Definitionsansatz**, kategorisiert Unternehmen anhand festgelegter Größenklassen zum **Zweck** der Rechnungslegung und zur Prüfung der Publizitätspflicht. Dabei zieht der Paragraf

---

[84] Im englischen: SME: small and medium sized enterprises.

[85] Vgl. Fischer, D. (2012), S. 39.

[86] Vgl. Berthold, F. (2010), S. 14ff; sowie Fischer, D. (2011), S. 40.

[87] Vgl. Fischer, D. (2012), S. 40.

die Bilanzsumme, den Jahresumsatz und die Beschäftigtenzahl als **Größen-indikator** heran, um Unternehmen den entsprechenden **Größenklassen** zuzuordnen.[88]

Damit ein Unternehmen von der **Publizitäts- und Rechnungslegungspflicht** befreit ist müssen Unternehmen den entsprechenden Größenkategorien zuzuordnen sein. Dazu müssen zwei von den drei genannten Kriterien in den jeweiligen Größenkategorien erfüllt sein.[89] Sobald ein Unternehmen die Grenz-werte überschreitet, wird das Unternehmen automatisch als Großunternehmen klassifiziert. Gleichzeitig ist das Großunternehmen dazu verpflichtet seinen Jahresabschluss im elektronischen Bundesanzeiger zu veröffentlichen.[90] *Tabelle 1* konkretisiert den Inhalt des § 267 HGB.

Hingegen wird ein **börsenorientiertes Unternehmen** (nach den Vorausset-zungen des § 267 Abs. 3 Satz 2 HGB i. v. m. § 264d HGB)[91] grundsätzlich als **Großunternehmen** identifiziert.[92] Jedoch sind *Becker und Ulrich* (2011) der Ansicht, dass auch börsenorientierte Unternehmen einen **mittelständischen Charakter** aufweisen können. Vorausgesetzt die **Unternehmensanteile** sind mehrheitlich im Besitz des **Familieneigentümers**.[93]

Für die qualitative Abgrenzung des Mittelstandsbegriffs ist die Sichtweise des Handelsgesetzbuches nicht überzeugend. Da sie nicht den Zweck der vorlie-genden Arbeit dient.

---

[88] Vgl. § 267 Abs 1, Nr. 1-3 und Abs. 2, Nr. 1-3 HGB (in Kraft getreten am 23.07.2015), abrufbar unter: https://dejure.org/gesetze/HGB/267.html (Zugriff: 03.05.2016). Siehe dazu auch Burk-hard, R. (2013), S. 41 und Becker, W./Ulrich, P. (2011), S. 20.

[89] Vgl. § 267 Abs. 1-3 HGB (in Kraft getreten am 23.07.2015), abrufbar unter: https://dejure.org/gesetze/HGB/267.html (Zugriff: 03.05.16).

[90] Vgl. § 267 HGB; sowie Hausmann, /Zdrowomyslaw, N. (2013), S. 28.

[91] Siehe § 264d HGB (hier ist die Legaldefinition des Terminus „Kapitalmarktorientierte Kapital-gesellschaft" nachzulesen), verfügbar unter: https://dejure.org/gesetze/HGB/264d.html (Zu-griff: 03.05.2016)

[92] Vgl. § 267 Abs. 3 Satz 2 HGB i. v. m. § 264d HGB (in Kraft getreten am 23.07.2015), abrufbar unter: https://dejure.org/gesetze/HGB/267.html (Zugriff: 03.05.16).

[93] Vgl. Becker, W./Ulrich, P. (2011), S. 20; sowie IfM-Bonn: http://www.ifm-bonn.org/definitionen/mittelstandsdefinition-des-ifm-bonn/ (Zugriff: 03.05.2016).

Mittelstandsdefinition des deutschen Handelsgesetzbuchs (§ 267 HGB)			
Unternehmens-kategorie	Beschäftigten-anzahl	Finanzielle Größen	
		Jahresumsatz in Mio. EUR	Bilanzsumme In Mio. EUR
große Kapitalgesellschaft[94]	< 250	≤ 40	≤ 20
mittlere Kapitalgesellschaft	< 250	≤ 40	≤ 20
kleine Kapitalgesellschaft	< 50	≤ 12	≤ 6

Tabelle 1: Mittelstandsdefinition des Handelsgesetzbuchs (Quelle: eigene Darstellung)

2.2.2 Die KMU-Definition des IfM Bonn

Aufgrund **nationaler** Besonderheiten hat sich in Deutschland neben der **KMU-Definition** der Europäischen Kommission, eine **eigene** Definition etabliert. Die KMU-Definition des **IfM Bonn** findet innerhalb **Deutschlands** eine weit verbreitete **Anerkennung** und **Anwendung**.[95] Anders ist es im **internationalen Raum**, dort wird die **deutsche KMU-Definition** nicht angewandt und ist dort eher von **geringer Bedeutung**.[96] Die *Tabelle 2* veranschaulicht den Inhalt der KMU-Definition des IfM Bonn. Nachfolgend wird dieser näher erläutert.

KMU Definition des IfM Bonn		
Unternehmens-kategorie	Beschäftigten-anzahl	Jahresumsatz in Mio. EUR
mittel	< 500	≤ 50
klein	< 50	≤ 10
kleinst	< 10	≤ 2

Tabelle 2: KMU-Definition des IfM Bonn (Quelle: eigene Darstellung in Anlehnung des IfM-Bonn: http://www.ifm-bonn.org/definitionen/kmu-definition-des-ifm-bonn/).

Das IfM Bonn wählt in ihrem **quantitativen** Definitionsansatz die **beiden Kennzahlen** Jahresumsatz und Beschäftigtenanzahl, um die klein und mittleren Unternehmen von den Großunternehmen abzugrenzen. Nach dieser Definition

---

[94] Große Kapitalgesellschaften überschreiten die Grenzwerte von mindestens zwei der genannten wirtschaftlichen Kennzahlen oder sind börsenorientiert.

[95] Vgl. Berlemann, M./Jahn, V. (2014), S. 23; sowie Berghoff, H. (2006), S. 270f. (u. a. weißt Berghoff darauf hin, dass die Grenzwerte der Kennzahlen Beschäftigungszahl und Jahresumsatz von Land zu Land verschieden sein können. Die Abweichungen machen einen internationalen Vergleich der statistischen Daten fast unmöglich; sowie Staffel, M. (2015), S. 18.

[96] Vgl. Reinemann, H. (2011), S. 3.

gehören alle Unternehmen, die weniger als **500 Angestellte** beschäftigen und weniger als **50 Millionen Jahresumsatz** generieren zu der **Kategorie KMU**.

Im Detail unterscheidet das IfM Bonn, innerhalb der allgemeinen KMU Größenklasse nochmals **drei Unterkategorien**. Demnach sind alle Unternehmen, die weniger als 10 Mitarbeiter beschäftigen und einen Jahresumsatz unter 2 Millionen Euro erzielen der Kategorie **Kleinstunternehmen** zuzuordnen. Hingegen zählen Unternehmen mit einem Jahresumsatz bis 10 Millionen Euro und einer Beschäftigtenzahl unter 50 zu den **Kleinunternehmen**. Die **mittleren Unternehmen** bilden alle Unternehmen die weniger als 50 Millionen Euro im Jahr umsetzten und zwischen 50 und 500 Mitarbeiter beschäftigen. [97] Durch die **Unterkategorisierung** kommen auch die Kleinst- und Kleinunternehmen zur Geltung. Da sich die KMU Definition des IfM Bonn im **Gegensatz** zur Definition der Europäischen Kommission auf **zwei Kennzahlen** beschränkt, wird die **Komplexität** erheblich reduziert. Die **Vereinfachung** wirkt sich auch vorteilhaft auf die Forschungspraxis aus. [98]

2.2.3 Die KMU-Definition der Europäischen Kommission

Die **Europäische Kommission** hat **erstmals** 1996 eine **gemeinsame** KMU-Definition als **Empfehlung** zur Anwendung in der Europäische Union aufgestellt. [99] Auf Grund von **neusten Erkenntnissen** (insbesondere aktuellen wirtschaftlichen Entwicklungen), wurde die Definition am 6. Mai 2003 **angepasst** (und ist seit dem 1. Januar 2005 in Kraft getreten). [100] Auch wenn die KMU Definition **lediglich** eine allgemeine Empfehlung für die Europäische Union darstellt und die **Anwendung** auf **freiwilliger Basis** geschieht, wird sie innerhalb der **Europäischen Union** von der Mehrheit **angewandt**.

Ein **Grund** dafür ist sicherlich, dass die Definition der Europäischen Kommission die **Grundlage** für die Genehmigung von nationalen **Fördermitteln** bildet.

---

[97] Siehe dazu Ausführungen des IfM-Bonn (Stand vom 01.01.2016): http://www.ifm-bonn.org/definitionen/kmu-definition-des-ifm-bonn/ (Zugriff: 05.05.2016).

[98] Vgl. Becker, W./Ulrich, P. (2011), S. 19f.

[99] Vgl. Europäische Kommission, (2006), S. 6.

[100] Vgl. Europäische Kommission (2006), S. 8.

Die **Abgrenzung** klein und mittlerer Unternehmen von Großunternehmen erfolgt auf **Basis**, der in dieser Definition **festgelegten Kriterien.**[101] Die **Definitionskriterien** werden in *Tabelle 3* dargestellt und im Folgenden weiter spezifiziert.

KMU-Definition des IfM-Bonn:			
Unternehmens-kategorie	Beschäftigten-anzahl	Finanzielle Größen	
		Jahresumsatz in Mio. EUR	Bilanzsumme In Mio. EUR
SME's (Mittel)	< 250	≤ 50	≤ 43
Small (klein)	< 50	≤ 10	≤ 10
Micro (Kleinst)	< 10	≤ 2	≤ 2

Tabelle 3: KMU-Definition der Europäischen Kommission (Quelle: eigene Darstellung)

Auf den ersten Blick **unterscheidet** sich die KMU-Definition der Europäischen Kommission kaum von der des Bonner Instituts für Mittelstandsforschung. Jedoch bezieht die **Europäische Kommission** in ihrer KMU-Definition neben den beiden Kennzahlen Beschäftigtenzahl und Jahresumsatz als **dritte Kennzahl** die Bilanzsumme mit ein. Außerdem sind die **Grenzwerte** bei der **Beschäftigtenanzahl** mit 250 **niedriger** festgesetzt, als bei der Definition des IfM Bonn mit maximal 500 Beschäftigten. Insgesamt sind alle Unternehmen, die weniger als 250 **Mitarbeiter** beschäftigen, einen **Jahresumsatz** von unter 50 Millionen Euro oder eine **Bilanzsumme** von 43 Millionen Euro nicht überschreiten der **Kategorie KMU** zuzuordnen. Der Schwellenwert der **Beschäftigtenzahl** wird in dieser Definition als **Hauptindikator** herangezogen, um klein und mittlere Unternehmen von Großunternehmen abzugrenzen.[102] Dieser **Schwellenwert** ist unbedingt einzuhalten um den **Status** KMU zu erhalten.

Hingegen dürfen die KMU **selbst entscheiden**, ob bei der **Unterkategorisierung** in Kleinstunternehmen, klein- oder mittleres Unternehmen, der Jahresumsatz **oder** die Bilanzsumme (jeweils in EUR), in die Bewertung mit **einbezogen** werden soll. Nur bei einer der beiden **Kennzahlen** ist der **jeweilige Grenzwert**

---

[101] Vgl. Europäische Kommission (2006), S. 6.

[102] Vgl. Europäische Kommission (2006), S. 13 und 15.

einzuhalten. Auch wenn einer der **Schwellenwerte** (Bilanzsumme oder Jahres-umsatz), überschritten werden verlieren sie nicht ihren **KMU Status**.[103] Durch diese **Wahlmöglichkeit** sollen **Branchenunterschiede**[104] Berücksichtigung finden, die in der alten Definition nicht beachtet wurden.[105]

In der KMU-Definition werden alle Unternehmen, die weniger als 10 Mitarbeiter beschäftigen und einen Jahresumsatz oder eine Bilanzsumme von unter 2 Millionen Euro erzielen als **Kleinstunternehmen** definiert. **Kleine Unterneh-men** beschäftigten maximal 50 Mitarbeiter und der Jahresumsatz oder die Bilanzsumme übersteigt eine Summe von 10 Millionen Euro nicht. Die **mittleren Unternehmen** bilden alle Unternehmen die zwischen 50 und 499 Mitarbeiter beschäftigen und weniger als 50 Millionen Euro im Jahr umsetzten oder bei denen die Bilanzsumme von 43 Millionen Euro nicht überschritten wird.[106]

Bei der **Berechnung** der wirtschaftlichen Kennzahlen muss unbedingt das **Eigenständigkeitskriterium** berücksichtigt werden. Das Eigenständigkeitskri-terium gibt Auskunft darüber, ob es sich um ein abhängiges **oder** unabhängiges KMU handelt. Dabei wird im **Detail** nochmals **unterschieden**, ob es sich um ein **Eigenständiges** Unternehmen, **Partnerunternehmen oder** ein **verbundenes** Unternehmen handelt.[107]

Auch wenn die KMU-Definition nicht zur **Klärung** des mittelständischen Charak-ters beiträgt, erfüllt sie ihre Ziel- und **Zweckmäßigkeit**. Kleine und mittlere Unternehmen genießen innerhalb Europas einen hohen Stellenwert hinsichtlich ihrer wirtschaftlichen Bedeutung für Europa. Deshalb ist die oberste **Priorität**, die **Förderung** und Unterstützung von **KMU**. Da sie gegenüber Großunterneh-men häufig in verschiedener Hinsicht benachteiligt sind. Durch Förderung und Unterstützungen sollen **Wettbewerbsverzerrung**, insbesondere in der **Grün-**

---

[103] Vgl. Europäische Kommission (2006), S. 13.

[104] Beispielsweise sind die Umsatzahlen im Handel und Vertrieb i.d.R. höher als im verarbeiten Gewerbe. Durch die Betrachtung des Gesamtvermögens eines Unternehmens (Umsatz und Bilanzsumme), sollen Unterschiede in einzelnen Wirtschaftszweigen berücksichtigt werden. Siehe dazu auch Europäische Kommission (2006); S. 13.

[105] Vgl. Europäische Kommission (2006), S. 13.

[106] Vgl. Europäische Kommission (2006), S. 13f.

[107] Vgl. Europäische Kommission (2006), S. 16ff. (Hier können auch detailliertere Informationen und Ausnahmeregelungen nachgelesen werden).

derphase gemildert werden.[108] Eine Berücksichtigung von qualitativen **Abgrenzungskriterien**, würde in diesem Fall nicht dem Ziel und Zweck erfüllen. Damit kleine und mittlere Unternehmen von Großunternehmen **unterschieden** werden können ist es einerseits notwendig **quantifizierbare** und **nachvollziehbare** Kriterien festzulegen, andererseits müssen die festgelegten Kriterien durch den Zugriff auf verfügbare **statistische Daten** gewährleistet sein.

2.3 Fazit: das idealtypische Mittelstandsunternehmen existiert nicht

Grundsätzlich ist **festzustellen**, dass die synonyme Verwendung der verschiedenen Begriffe KMU, Mittelstand und Familienunternehmen in aller Regel zu Missverständnissen führt und keine **allgemeingültige** Definition der Begrifflichkeiten existiert.[109] In diesem Zusammenhang stellt sich jedoch die **Frage**, nach der realistischen **Möglichkeit** einer allgemeingültigen Definition. Denn die verschiedenen Begrifflichkeiten reflektieren auch eine nicht zu unterschätzende **Komponente** des deutschen Mittelstands: ihre **Heterogenität**.[110]

Zum **Mittelstand** gehört sowohl das regional tätige als auch das lokal oder international agierende Unternehmen. So **zählt** das innovative Start-up Unternehmen, der traditionelle Handwerksbetrieb, der Freiberufler ebenso wie das produzierende international agierende Gewerbeunternehmen zum Mittelstand.[111] Dabei weißt die **Vielfalt** des Mittelstands sowohl **Stärken** als auch **Schwächen** auf.

Im Hinblick auf die **Definitionsproblematik** stellt die Vielfalt des Mittelstands eine große **Herausforderung** dar. Für die **Forschung** ist es insofern **proble-**

---

[108] Vgl. Europäische Kommission (2006), S. 5.

[109] Vgl. Immerschitt, W./Stumpf, M. (2014), S. 18; sowie Khadjavi, K. (2005), S. 53; sowie Arentz, O./ Münstermann, L. (2013), S. 1; sowie Zdrowomyslaw, N./Bladt, M. (20013), S. 27; sowie Schauf, M. (2009), S. 1; sowie Hausch, K.T. (2004), S. 14.; und Becker, W./Ulrich. P. (2011), S. 18. So kommt auch das das IfM-Bonn in einer ihrer Studien zum Ergebnis, dass KMU zwar Mittelstand sei, gleichzeitig dies aber nicht voraussetzte, dass der Mittelstand zu der Kategorie KMU gehöre, siehe dazu Welter, F. et al. (2014), S. 17.

[110] Vgl. Khadjavi, K. (2005), S. 53; sowie Becker, W./ Ulrich. P. (2011), S. 18f, sowie Hausmann, T./Zdrowomyslaw, N. (2013), S. 27.

[111] Vgl. Welter, F. et al. (2015), S. 1.

matisch zu sehen, weil einerseits die **Vergleichbarkeit** der **Ergebnisse**, andererseits die **Entwicklung** von **zielgruppenspezifischen** Programmen für mittelständische Unternehmen erheblich erschwert wird.[112] Hinzukommend, das Forscher und Praktiker **uneins** über die **Verwendung** der verschiedenen **Begriffe** sind, sollten deshalb bei der Analyse von empirischen Daten und Forschungsberichten, die jeweils angewandte Definition **geprüft** und **hinterfragt** werden.[113]

Zugleich ist ihre **Vielfalt**, einer der herausragendsten **Wettbewerbsvorteile**. Die Heterogenität sorgt für **Stabilität** und ist Voraussetzung für eine harmonische Branchen- und Unternehmensgrößenstruktur innerhalb Deutschlands.[114]

Die **Schlussfolgerung** daraus: das idealtypische Mittelständische Unternehmen existiert nicht und das wird auch durch die Existenz der vielzähligen Definition widergespiegelt.[115]

Bestenfalls kann also eine **Annäherung** des Mittelstandsbegriffs stattfinden. Dabei sollte berücksichtigt werden, dass Forscher einerseits ihre Definitionskriterien explizit offenlegen andererseits eine Definition nicht nach Richtigkeit, sondern nach **Ziel-** und **Zweckgebundenheit** beurteilt werden sollte.[116]

2.4 Abgrenzung des Untersuchungsgegenstandes

Im Folgenden werden die Definitionskriterien des Autors für die Studie offengelegt. Es ist anzumerken, dass sich der Autor in seiner **Definition**, ebenfalls an den **Zielen** und dem übergeordneten **Zweck** der vorliegenden Studie orientiert. Auch wenn der Autor sich **primär** auf den qualitativ definierten Mittelstandsbegriff bezieht, wodurch die besonderen Charakteristika mittelständischer Unternehmen hervorgehoben werden sollen, wählt der Autor einen **kombinatori-**

---

[112] Vgl. Becker, W./Ulrich, P. (2011), S. 19f.

[113] Siehe dazu auch Reinemann (2011), S. 4.

[114] Vgl. Kay, R./Richter, M. (2010), S. 12.

[115] Vgl. Kay, R./Richter, M. (2010), S. 12.

[116] Vgl. Pfohl, H.C. (2013), S. 5; sowie Vgl. Becker, W./Ulrich, P. (2011), S. 19f.

schen Definitionseinsatz, der sowohl qualitative als auch quantitative Kriterien berücksichtigt.

Unternehmen gehören zum **qualitativ** definierten **Mittelstandsbegriff**, wenn Eigentum, Haftung und Leitung in einer Hand liegen.[117] Demnach steht die **Unternehmenspersönlichkeit** in dem qualitativ definierten Mittelstandsbegriff im Zentrum. Da sie einen erheblichen Einfluss auf die **Unternehmens- und Führungskultur** hat und darüber hinaus interdisziplinäre Verantwortungsfunktionen wahrnimmt.[118]

Aus Gründen der aufwendigen statistischen Erhebung und schwer erfassbaren **Eigner- und Führungsstruktur**, folgt in der vorliegenden Studie die **Notwendigkeit** auch **quantitative Abgrenzungskriterien** hinzuzuziehen.[119] Dadurch entsteht für die vorliegende Studie der erhebliche **Vorteil**, dass die aktuellsten statistischen Daten und **Studien** verarbeitet werden können, die sich i.d.R. auf den quantitativ definierten **KMU Begriff** beziehen. Demzufolge können Unternehmen anhand ihrer Größenklassen identifiziert und abgegrenzt werden.

Da die **Mehrheit** mittelständische Unternehmen der **Kategorie** der kleinen und mittleren Unternehmen zuzuordnen sind, ist es durchaus **legitim** in der vorliegenden Studie **ergänzend** quantitative **Merkmale**, die sich i.d.R. auf KMU-Definitionen beziehen hinzuzuziehen. Jedoch bedeutet dies **weder**, dass der Autor die beiden Begriffe KMU und Mittelstand gleichsetzt **noch,** dass er die Begriffe in der vorliegenden Arbeit synonym verwendet.

Die **Beschäftigungszahl** wird als **Hauptkriterium** zur Abgrenzung herangezogen, da dies nicht nur ein sinnvoller **Indikator** für die Unternehmensgröße ist und den Vorteil hat statistisch **verfügbar** zu sein,[120] sondern auch die Auswahl für die vorliegende Studie **zweckdienlich** erscheint. Denn der Fokus liegt auf die Rekrutierung der **Zielgruppe** Auszubildenden und die **Ausbildungsquote**

---

[117] In Kapitel 3 erfolgt eine detaillierte Betrachtung des qualitativen Merkmals „Einheit von Eigentümer und Leitung, sowie Risiko und Haftung" und die daraus resultierenden Besonderheiten für die organisatorischen Rahmenbedingungen mittelständischer Unternehmen.

[118] Hausch, K.T.(2004), S. 14; sowie Staffel, M. (2015), S. 17.

[119] Dies liegt u.a. daran, dass die Mehrheit der mittelständischen Unternehmen von der Publizitätspflicht befreit ist, weil sie die Größengrenzen des § 267 HGB nicht überschreiten. Zudem kommunizieren Privateigentümer ungern interne Unternehmensinformationen nach außen. Siehe auch dazu u.a. Fust, A./Fueglistaller, U. (2016), S. 56.

[120] Vgl. Hausch, K.T. (2004), S. 22.

ist in Unternehmen mit bis zu 500 Beschäftigten, im Verhältnis zu Unternehmen mit mehr Beschäftigten am **höchsten**.[121] Deshalb orientiert sich der Autor an den **Grenzwerten** der KMU Definition des IfM Bonn. *Tabelle 4* zeigt abschließend die Zusammenfassung der Arbeitsdefinition.

Kombinatorische Definitionsansatz des Mittelstandsbegriffs	
Quantitativ definierter KMU Begriff	**Qualitativ definierter Mittelstandsbegriff**
Unternehmenskategorie und Hauptindikator: Beschäftigtenanzahl	Eigner- und Führungsstruktur[122]
Mittel: < 500	1. Einheit von Eigentümer und Leitung
Klein: < 50	2. Einheit von Eigentümer und Haftung
kleinst: < 10	3. Besondere Beziehung des Inhabers zum Unternehmen und zur Umwelt

Tabelle 4: Abgrenzung des Untersuchungsgegenstandes (Quelle: eigene Darstellung).

---

[121] Vgl. Pfeiffer, I./ Kaiser, S. (2009), S. 42.

3. Charakterisierung der mittelständischen Personalpolitik

3.1 Bedeutung der Human Ressource für mittelständische Unternehmen

Die Mitarbeiter bilden eine fundamentale **Basis** für den langfristigen wirtschaftlichen **Erfolg** von Unternehmen.[123] Im **strategischen Human Ressource Management** werden die Mitarbeiter eines Unternehmens deshalb als immaterielle strategische **Ressource** betrachtet, die durch Entwicklung, Beschäftigung und Organisation nachhaltig zur **Unternehmensleistung** beitragen und gemeinsam mit anderen strategischen Ressourcen des Unternehmens den **Unternehmenswert** bestimmen.[124] Häufig wird auch die **Personalstruktur** eines Unternehmens als eine **strategische Zielgröße** betrachtet, die zum maßgeblichen **Erfolg** des Unternehmens beiträgt und dadurch langfristig gesehen ihre **Existenz** sicherstellt.[125]

In der Literatur werden für den Begriff des **Personalmanagements** vielzählige **Synonyme** verwendet, obwohl sie sich hinsichtlich ihrer **Bedeutung** deutlich voneinander unterscheiden.[126] Dabei entspricht der Begriff der **Personalpolitik** am ehesten den **spezifischen Charakteristiken** mittelständischer Unternehmen. Deshalb sollte vor allem bei diesen **Unternehmenstypen** auf die Verwendung des Begriffs **Personalpolitik** anstelle des Begriffs Personalmanagements zurückgegriffen werden.[127] Im weiteren Verlauf der Arbeit wird dies auch noch zu zeigen sein. Unter dem Begriff Personalpolitik werden einerseits **Grundsatzentscheidungen** im Personalwesen (policies) verstanden, andererseits wird dadurch der **politische Entwicklungsprozess** ausgedrückt (politics), der sich mit der Durchsetzung häufig unterschiedlicher Interessen der **sozialen**

---

[123] Vgl. Olesch, G. (2016), S. 13.

[124] Vgl. Schwarz, D. (2010), S. 18; siehe auch Christophori, B. (2016), S. 58.

[125] Vgl. Schwarz, D. (2010), S. 18.

[126] Siehe dazu beispielsweise: Richter, M. (1999), S. 2 (Personalführung); sowie Drumm, H.J. (2008), S. 29ff. (Personalwirtschaft); sowie Holtbrügge, D. (2015), S. 2ff. (Personalmanagement und Human Resource Management); und Elsik, W./Mayrhofer, W. (1999) (Personalpolitik).

[127] Vgl. Jochims, T. (2010), S. 4.

Akteure beschäftigt.[128] Aufgrund der inhaltlichen Beschreibung als **Plan**, entspricht der Begriff Personalpolitik im Sinne des **strategischen Human Resource Managements**, die Ziel- und Maßnahmenplanung sowie Realisierung der entwickelten Personalstrategie eines Unternehmens.[129]

3.2 Prozessschritte der mittelständischen Personalpolitik

Der klassische **Personalmanagementprozess** besteht aus verschiedenen Prozessschritten. Dabei kann die **inhaltliche Ausgestaltung** der einzelnen **Teilprozesse** je nach **Unternehmensgröße** von **Art** und **Umfang** variieren.[130] Unabhängig von der **Unternehmensgröße** bestehen die **klassischen Prozessschritte** der Personalpolitik aus den folgenden (siehe *Abbildung 5*):[131]

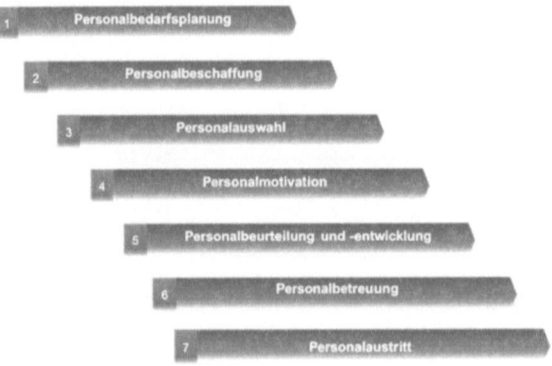

Abbildung 5: Die klassischen Prozessschritte der Personalpolitik (Quelle: eigene Darstellung in Anlehnung an Wegmann, J. (2006), S. 286).

---

[128] Vgl. Schwarz, D. (2010), S. 18; sowie Jochims, T. (2010), S. 4. Buttenberg, K. (2013), S. 7 & S. 10; Jasper, G./Horn, J. (2009), S. 6; sowie Alfes, K. (2009), S. 1.

[129] Vgl. Schwarz, D. (2010), S. 18; sowie Vgl. Stangel-Meseke, M. (2015), S. 3; sowie Jochims, T. (2010), S. 4. Buttenberg, K. (2013), S. 7 & S. 10; Jasper, G./Horn, J. (2009), S. 6; sowie Alfes, K. (2009), S. 1.

[130] Vgl. Wegmann, J. (2006), S. 286ff.

[131] Vgl. Wegmann, J. (2006), S. 286ff.

3.2.1 Personalbedarfsplanung

Die **Personalbedarfsplanung** beinhaltet alle Aktivitäten zur Bestimmung des **qualitativen** und **quantitativen** Bedarfs von Arbeitskräften welche benötigt werden um **künftige Aufgaben** in einer Organisation zu erfüllen. Deshalb stellt sich hier die **zentrale Frage**, wie viel Personal (quantitative Dimension), zu welchem **Zeitpunkt** (zeitliche Dimension), mit welcher **Qualifikation** (qualitative Dimension) an welchem **Einsatzort** (räumliche Dimension) benötigt wird.[132] Damit festgestellt werden kann, ob der Personalbedarf in einem Bereich des Unternehmens den Personalbestand **übersteigt** wird zunächst eine **Personal-bestandsanalyse** durchgeführt. Hierbei wird das quantitative, qualitative, zeitliche, wertmäßige und räumliche **Beschäftigtenpotenzial**, des jeweiligen Unternehmens sowie bereits absehbare **Personalfluktuationen** erfasst. Sobald der Personalbedarf den Personalbestand in einem Bereich des Unternehmens übersteigt oder übersteigen wird und die **Differenz** durch **Neueinstellungen** auf dem externen **Arbeitsmarkt** oder durch **interne Rekrutierung** ausgeglichen werden soll folgt als nächster Schritt die **Personalbeschaffung**.[133] Im Falle von qualitativen **Bestandsdefiziten** kann eine **Anpassung der Qualifika-tion** des jeweiligen Mitarbeiters durch Personalentwicklungsmaßnahmen erfolgen. Sobald der Personalbedarf in quantitativer und qualitativer Hinsicht den Personalbestand unterschreitet kann es zu **Personalfreisetzungen** bzw. Entlassungen kommen.[134]

3.2.2 Personalbeschaffung

Die Personalbeschaffung bzw. **Personalrekrutierung** als Teilbereich der Personalwirtschaft, ist ein **zentraler Bestandteil** mittelständischer Personalpoli-tik.[135] In einer Metastudie belegen *Gmür und Schwert* dass **Rekrutierungsauf-**

---

[132] Vgl. Hauff, S. (2010), S. 152.

[133] Vgl. Scholz, C. (2014), S. 83.

[134] Vgl. Scholz, C. (2014), S. 83.

[135] Vgl. Richter, M. (2009), S. 13.

wand und **Unternehmenserfolg** deutlich positiv **korrelieren.**[136] Die zentrale Ausgangsfrage in der Personalbeschaffung ist, wie und womit zusätzlich benötigte **Arbeitnehmer** auf dem externen oder internen Arbeitsmarkt **akquiriert** werden können.[137] Die **Kontaktaufnahme** zu potenziellen Arbeitskräften kann durch Anwendung von aktiven oder passiven **Suchmethoden** erfolgen. Nachfolgend veranschaulicht *Tabelle 5* die aktiven und passiven **Rekrutierungsmethoden** auf den internen und externen Arbeitsmarkt.

Arbeitsmarkt der Zielpersonen	Wer geht auf Wen zu?	Methoden der Personalsuche
Unternehmensinterne Personalsuche	aktiv	• Ansprache, z. B. durch Abteilungsleiter • Ansprache durch Personalabteilung
	passiv	• Aushang am schwarzen Brett • Anzeige im Intranet der Firma
Externe Personalsuche	aktiv	• Unternehmen selbst, spricht jemanden an • Personalberater mit Stellenanzeige inkl. Telefonservice • Personalberater mit Direktansprache
	passiv	• Eigene Anzeige in Printmedien • Internet Jobbörsen • Jobmessen • Internet (eigene Firmenwebseite) • Personalberater mit Stellenanzeige ohne Telefonservice

Tabelle 5: Personalsuchmethoden (Quelle: eigene Darstellung in Anlehnung an Friederichs, T. (2012), S. 28).

In mittelständischen Unternehmen erfolgt die **Personalbeschaffung** in aller Regel auf dem **externen Arbeitsmarkt**, da die internen personellen **Ressourcen** eher **knapp** sind und deshalb kein interner Mitarbeiter zur Verfügung steht.[138] Hinzukommend, dass der Fokus der vorliegenden Arbeit auf die **Rekrutierung von Auszubildenden** liegt, konzentriert sich der Autor ausschließlich auf den **externen Rekrutierungsprozess**. In der vorliegenden Arbeit wird unter dem Begriff **Personalbeschaffung** bzw. Personalrekrutierung

---

[136] Vgl. Gmür, M./Schwerdt, B. (2005); sowie Hartmann, M. (2015), S. 2. sowie Scholz, C. (2014), S. 4.

[137] Vgl. Scholz, C. (2014), S. 84.

[138] Vgl. Wegmann, J. (2006), S. 287; sowie Hamel, W. (2013), S. 257.

die Planungs-, Organisations-, Umsetzungs- und Kontrollaktivitäten eines Unternehmens verstanden,

um eine vakante Stelle im Unternehmen durch hinzukommen eines neuen Arbeitnehmers bestmöglich zu besetzten.[139]

Durch den **geringen Institutionalisierungsgrad** in mittelständischen Unternehmen liegen die Aufgaben der Personalrekrutierung häufig noch in den Händen der **Unternehmensleitung.**[140] Deshalb wird in der vorliegenden Arbeit davon ausgegangen, dass die **Mitarbeiterakquisition** nicht fremd, sondern durch das mittelständische Unternehmen selbst gestaltet wird.[141]

3.2.3 Personalauswahl

In dieser Phase wird zunächst festgelegt auf welchen **Beschaffungsweg** die **Personalsuche** erfolgen soll. Die **Methodenauswahl** kann auf Grundlage verschiedener **Erfolgskriterien** erfolgen. Sobald die Entscheidung getroffen wurde, werden im **Personalauswahlprozess** die eingehenden Bewerbungen hinsichtlich Eignung und Qualifikation durch Abgleich des **Anforderungs- und Qualifikationsprofil** geprüft. Damit soll eine **Vorauswahl** an geeigneten Kandidatengetroffen werden. [142] Die Wahrscheinlichkeit, dass ein Bewerber für eine Stelle geeignet ist, steigt mit seinen gegebenen Voraussetzungen und Qualifikationen die beruflichen Anforderungen zu bewältigen.[143] Anschließend werden die selektierten Bewerber zu einem **persönlichen kennenlernen** eingeladen. All diejenigen, die dem **Anforderungsprofil** nicht entsprechen erhalten eine Absage. [144]

Im **Vorstellungsgespräch** erfolgt eine erneute Prüfung der Kandidaten auf Eignung hinsichtlich ihrer Fachkenntnisse, Fähigkeiten und sozial Kompeten-

---

[139] Vgl. Pepels, W. (2002), S. 17.

[140] Vgl. Richter, M. (2009), S. 13.

[141] Fremd gestaltet bedeutet hier, die Beauftragung vom externen Dienstleistern z. B. Rekrutierungsagenturen.

[142] Vgl. Wegmann, J. (2006), S. 289ff; sowie Scholz, C. (2014), S. 531.

[143] Vgl. Kauffeld, S. (2011), S. 94.

[144] Vgl. Wegmann, J. (2006), S. 289ff.

zen.[145] Gleichzeitig bietet das Vorstellungsgespräch für den Kandidaten, die Gelegenheit das Unternehmen und die zu erwartenden **Aufgaben** näher **kennenzulernen**. Nachdem Gespräch haben beide Parteien nochmals Zeit das Gespräch zu **reflektieren**, bevor sie eine Entscheidung treffen.

Ergänzend zum Vorstellungsgespräch können noch weitere **Auswahlverfahren** eingesetzt werden, wie beispielsweise Assessment Center oder psychologische Testverfahren. Dabei ist es von hoher Bedeutung, dass lediglich **standardisierte** Auswahlverfahren eingesetzt werden, die unabhängig von der Art des Auswahlverfahrens, die drei **Hauptgütekriterien** der Objektivität, Reliabilität und Validität erfüllen.[146]

Unter **Objektivität** wird die **Unabhängigkeit** der Ergebnisse vom Testleiter verstanden. Demnach ist ein Test objektiv, wenn mehrere Testleiter bei den gleichen Kandidaten zum gleichen Ergebnis kommen. Die **Reliabilität** (Zuverlässigkeit) eines Tests, beschreibt die **Genauigkeit**, mit der ein Test ein bestimmtes Merkmal misst. Zuletzt stellt die **Validität** eines Tests sicher, dass der Test das Merkmal misst, welches er vorgibt zu **messen**.[147] Abschließend visualisiert *Abbildung 6* nochmals den gesamten **Selektionsprozess**.

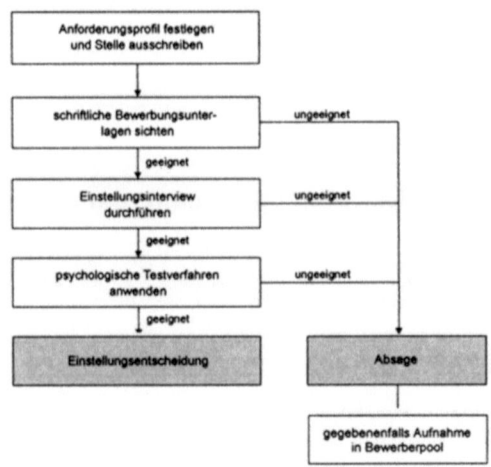

Abbildung 6: Selektionsprozess (Quelle: Scholz, C. (2014), S. 532)

---

[145] Vgl. Scholz, C. (2014), S. 537.

[146] Vgl. Kauffeld, S. (2011), S. 99.; sowie Wegmann, J. (2006), S. 290.

[147] Vgl. Kauffeld, S. (2011), S. 100.; sowie Wegmann, J. (2006), S. 290.

3.2.4 Personalmotivation

Jede Neueinstellung ist mit hohen Personalkosten und Personalnebenkosten verbunden.[148] Verschiedene Studien gehen davon aus, dass Unternehmen durchschnittlich jedes Jahr 20 bis 50 Prozent des Personalbestands verlieren. Für die Neubesetzung der Vakanzen fallen je nach Qualifikationsniveau Kosten i. H. v. 50 bis 200 Prozent des Jahresverdienstes an.[149] Da eine Neueinstellung für die Unternehmen eine Investition darstellt, müssen sich diese auch für das Unternehmen rentieren. Das setzt jedoch voraus, dass die Mitarbeiter motiviert sind sich gewinnbringend und langfristig im Unternehmen einzubringen. Personalfluktuationen wirken sich hingegen nicht nur nachteilig auf die Personalkosten, sondern auch auf das Betriebsklima aus (z. B. durch Mehrarbeit der anderen Mitarbeiter oder Teamkonflikte).[150] Deshalb steht im Zentrum der Mitarbeitermotivation, die Anwendung von materiellen und immateriellen Anreizen mit dem Ziel die Leistungserfüllung der Mitarbeiter optimal zu erreichen. Dabei kann nach monetären und nicht-monetären Anreizen unterschieden werden. Dazu ist es jedoch erforderlich zu wissen, durch welche Motive der Mitarbeiter gesteuert wird und welche Bedürfnisse bei ihm vorhanden sind.[151] Deshalb lautet hier die zentrale Frage, was oder wodurch, wird ein Mitarbeiter motiviert. Motivation entsteht durch die Kombination aus inneren und situativ abhängigen Spannungszuständen eines Individuums sowie seinen Zielen. Als Ergebnis kann ein bestimmtes Verhalten des jeweiligen Mitarbeiters beobachtet werden.[152] Motive (oder „Wertehaltungen") können wiederum als überdauernde Persönlichkeitsmerkmale definiert werden und führen dazu, dass eine bestimmte Handlung ausgelöst wird.[153] In der Literatur sind vielzählige Motivationstheorien zu finden, die in der vorliegenden Studie jedoch aus Gründen knapper Ressourcen nicht weiter vertieft werden können.

---

[148] Felser, G. (2010), S. 10.

[149] Vgl. Vinerean, A. (2015), S. 73; sowie Felser, G. (2010), S. 10.

[150] Felser, G. (2010), S. 10.

[151] Vgl. Wegmann, J. (2006), S. 298.

[152] Vgl. Foscht, T./Swoboda, B./Schramm – Klein, H. (2015), S. 55.

[153] Vgl. Von Rosenstiel, L./Kirsch, A. (1996), S. 127.

3.2.5 Personalbeurteilung und Entwicklung

Die **Personalbeurteilung** ist ein **zentrales Instrument**, das die Leistung und Motivation der Mitarbeiter zielgerichtet und positiv beeinflusst, die beruflichen **Karriere Planung** unterstützt und zur Planung zielgerichteter Personalentwicklungsmaßnahmen eingesetzt werden kann. [154] Zur **Personalentwicklung** zählen wiederum alle Maßnahmen der **Bildung** und **Förderung** sowie der **Organisationsentwicklung**, die von jeweils verantwortlichen Mitarbeitern eines Unternehmens zielgerichtet geplant, realisiert und evaluiert werden. [155] Die **Unternehmenspolitik** bestimmt die Strategie und **Inhalte der Personalentwicklung** und trägt damit zur **Erreichung der Unternehmensziele** bei. Gleichzeitig beeinflussen **externe Faktoren**, wie die Verfügbarkeit und Qualifikationen von Arbeitskräften auf dem externen Arbeitsmarkt, die Ausgestaltung der Personalentwicklung.[156] *Abbildung 7* zeigt abschließend die Inhalte der Personalentwicklung.

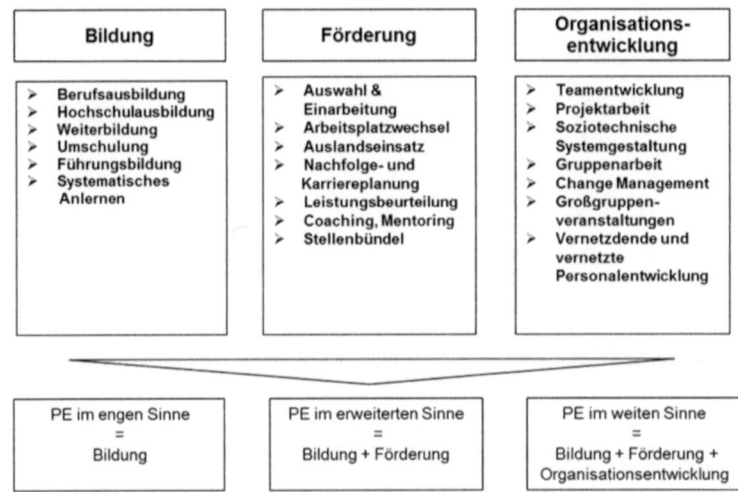

Abbildung 7: Inhalte der Personalentwicklung (Quelle: eigene Darstellung in Anlehnung an Becker, M. (2010), S. 151)

---

[154] Vgl. Wegmann, J. (2006), S. 296.

[155] Vgl. Becker, M. (2010), S. 150.

[156] Vgl. Becker, M. (2010), S. 152.

3.2.6 Personalbetreuung

Die **Personalbetreuung** umfasst alle Routinetätigkeiten, die in der **operativen** Personalpolitik anfallen. Neben Aufgaben der **Personaladministration** und Routinemeldungen an die Behörden, gehören auch Aufgaben der **Personalfürsorge** und **Personalentlohnung** dazu.[157] Sie kann also als eine Art **Serviceleistung** verstanden werden, die sich u.a. mit der korrekten Brutto – und Nettolohnermittlung sowie der **fristgerechten** Auszahlung an die Arbeitskräfte beschäftigt.[158] Da die finanziellen Mittel in mittelständischen Unternehmen i.d.R. eher knapp sind, werden die Aufgaben der **Personalbetreuung** häufig an Dritte, wie z. B. den Steuerberater des Unternehmens übertragen.[159]

3.2.7 Personalaustritt

Zuletzt ist ein gut geplanter und vorbereiteter **Personalaustritt** unerlässlich. Er zählt zu den **sensibelsten Personalprozessen**. Wobei die Handhabung des Austritts, durch die Kündigung eines Mitarbeiters selbst, eher als unproblematisch zu sehen ist. Hingegen sieht die Sachlage anders aus, wenn die Kündigung durch das Unternehmen initiiert wurde.[160] Grundsätzlich unterscheidet die Personalwirtschaft unter einer **antizipativen** und **reaktiven** Freisetzung.

Bei der **antizipativen Freisetzung** werden Ursachen eines Personalüberhangs, durch frühzeitige Anwendung von Analyse- und Prognosemethoden ermittelt. Anschließend kann das Unternehmen Maßnahmen entwickeln, die dazu beitragen den **Personalüberhang** langfristig zu **vermeiden** oder durch den Einsatz **indirekte Freisetzungsmaßnahmen** zu reduzieren. Dazu kann das Unternehmen, beispielsweise auf Neueinstellungen, verzichten.[161] Die **reaktive Freisetzung** greift dann, wenn es bereits zu spät ist, um andere Möglichkeit außer der Anwendung von direkten Freisetzungsmethoden einzusetzen. Diese Unternehmen verzichten i.d.R. auf die Anwendung von strategischen Analyse-

---

[157] Vgl. DGFP http://www.dgfp.de/wissen/themen/personalbetreuung-und-mitarbeiterbindung.

[158] Vgl. Wegmann, J. (2006), S. 298.

[159] Vgl. Wegmann, J. (2006), S. 299.

[160] Vgl. Wegmann, J. (2006), S. 298.

[161] Vgl. Becker, M. (2010), S. 176.

und Prognosemethoden. Die reaktive Methode ist mit hohen **Risiken** für die Beschäftigten, als auch für die Unternehmen selbst, verbunden. Mögliche Folgen für Unternehmen, sind, z. B. **Imageschäden** oder Verlust von Know-how der freigesetzten Arbeitskräfte und/oder Vertrauensverlust der Beleg-schaft.[162] *Abbildung 8* zeigt nochmals die beiden unterschiedlichen **Personalfreisetzungsmethoden**.

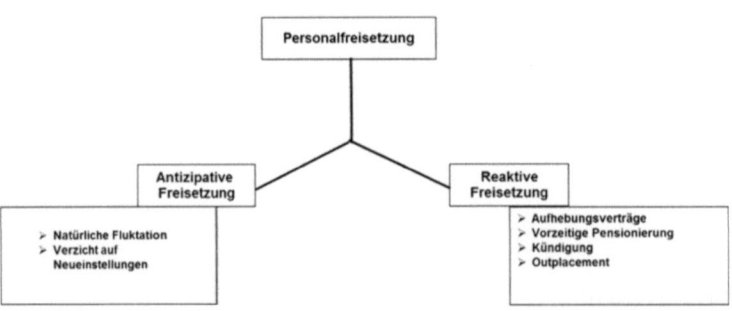

Abbildung 8: Personalfreisetzung (Quelle: eigene Darstellung in Anlehnung an Becker, M. (2010), S. 177).

3.3 Einsatz von Personalmarketingstrategien zur erfolgreichen Rekrutierung von Ausbildungsinteressierten

3.3.1 Begriffsklärung sowie Ziele und Aufgaben des Personalmarketings

Durch die Folgen des demografischen Wandels und die wachsenden Passungsprobleme auf dem Ausbildungsmarkt (wird in Kapitel 4 ausführlich erläutert), nimmt die Bedeutung des Personalmarketings für mittelständische Unternehmen zu. Ein ganzheitliches Personalmarketingkonzept, ermöglicht diesen Unternehmen, sich am Markt als attraktive Arbeitgeber zu positionieren.[163] Vorteile einer starken Arbeitgebermarke liegen vor allem darin, dass aktueller und zukünftiger Personalbedarf gedeckt werden kann, idealerweise mit einer

---

[162] Vgl. Becker, M. (2010), S. 176f.

[163] Vgl. Brand, A. et al. (2015b), S. 149.

geringen Personalfluktuation.[164] So stellt sich zunächst die Frage nach der Bedeutung des Personalmarketingbegriffs.

Zum Begriff des Personalmarketings sind in der Literatur vielzählige Definitionen zu finden. Die folgende Definition nach *Scholz, C. (2014),* kommt dem Ziel und Zweck der vorliegenden Studie am nächsten, deshalb versteht der Autor unter dem Begriff Personalmarketing, die *„bewusste und zielgerichtete Anwendung personalpolitischer Instrumente zur Schaffung einer positiven Einstellung bei gegenwärtigen und zukünftigen Mitarbeiten."*[165]

Selbst Unternehmen die kein aktives **Personalmarketing** betreiben senden **Signale**, da Unternehmen mit dem was sie tun, auch immer als **Arbeitgeber** wahrgenommen werden. Demnach können Unternehmen nicht, nicht **Personalmarketing** betreiben, sondern im **schlimmsten Fall**, mehr oder weniger **professionell**.[166] In diesem Kontext bedeutet professionelles Personalmarketing, das sich Unternehmen über die **Wirksamkeit** und **Auswirkungen** aller Unternehmensaktivitäten und –maßnahmen hinsichtlich der **Positionierung** als Arbeitgebers **bewusst** sind. Aus diesem **Verständnis** heraus sollten die jeweiligen Maßnahmen bewusst und zielgerichtet eingesetzt und angewendet werden.[167]

Eine **zentrale Aufgabe** des Personalmarketings ist die Gestaltung der **Arbeitgeberattraktivität**. Die sollte jedoch, nicht nur auf externe **Zielgruppen** ausgerichtet werden, sondern vor allem auch auf bereits Beschäftigte Mitarbeiter (interne Perspektive), denn dadurch kann eine hohe **Personalfluktuation** vermieden werden[168]

Bevor eine **Personalmarketingstrategie** erarbeitet werden kann, muss sich das Unternehmen für eine **Zielgruppenorientierung**, von aktuellen sowie potenziellen Mitarbeitern, entscheiden. Das Wissen über Wünsche, Bedürfnisse, Fähigkeiten und Denkweise der fokussierten Zielgruppe, hilft wiederum

---

[164] Vgl. DGFP e.V. (Hrsg.) (2006), S. 15f.

[165] Scholz, C. (2014), S. 485.

[166] Vgl. DGFP e.V. (Hrsg.) (2006), S. 13; sowie Watzlawick, Paul: „Man kann nicht nicht kommunizieren." http://www.paulwatzlawick.de/axiome.html.

[167] Vgl. DGFP e.V. (Hrsg.) (2006), S. 13.

[168] Vgl. DGFP e.V. (Hrsg) (2006), S. 13; sowie Felser, G. (2010), S. 10.

dabei die Zielgruppe erfolgreich **anzusprechen**, zu motivieren und zu binden. Hierbei ist es äußerst wichtig zu wissen, **welche Zielgruppe** zu dem Unternehmen passt und welche nicht, damit sich die Bewerber ein **realistisches Bild** vom Arbeitgeber machen können. Und nicht zuletzt, eine klare Vorstellung über die **Erwartungen** des **Arbeitgebers** und den Anforderungen der Arbeitsstelle erhalten. Gleichzeitig können dadurch **Kosten eingespart** werden, weil vermieden wird, dass sich **ungeeignete** Arbeitskräfte bewerben, die nicht die **Anforderungen** und Erwartungen des Arbeitgebers erfüllen.[169]

3.3.2 Begriffsklärung sowie Ziele und Aufgaben des Ausbildungsmarketings

Für den Begriff des Ausbildungsmarketings bestehen ebenfalls vielzählige **Definitionen**. Deshalb stellt sich auch hier zunächst die Frage, was Ausbildungsmarketing ist. **Ausbildungsmarketing** ist ein **Teilbereich** des Personalmarketings und repräsentiert, die für die Ausbildung relevante, **strategische** und **marktorientierte** Dimension des Personalmarketings.[170] Dazu gehören, insbesondere die Festlegung der **Ausbildungspolitik**, die Ableitung von **Personalmarketingzielen** und die attraktive **Positionierung** der Ausbildung. Letzteres soll vor allem **Wettbewerbsvorteile** gegenüber Mitbewerbern sicherstellen.[171] Neben dem **Einsatz** der klassischen **Personalmarketinginstrumente**, wie z. B. Stellenanzeigen, Imagekampagnen und Karrieremessen, hat die **Bedeutung** des **Social Media** Bereichs stark zugenommen.[172]

---

[169] Felser, G. (2010), S. 10.

[170] Vgl. Beck, C./Dietl, S.F. (2014), S. 14.

[171] Vgl. Beck, C./Dietl, S.F. (2014), S. 14.

[172] Vgl. Scholz, C. (2014), S. 485.

Abbildung 9 zeigt verschiedene Ausbildungsmarketingmaßnahmen, die zum Einsatz kommen können.

Abbildung 9: Ausbildungsmarketingmaßnahmen und –aktionen (Quelle: eigene Darstellung in Anlehnung an DGFP e.V. (2004), S. 25f.).

Der **Ausgangspunkt** für Personalmarketing ist die **Personalforschung**. Erst wenn Unternehmen aktuelle **Daten** und **Forschungsarbeiten** zu **Entwicklungen** des **Arbeitsmarktes** und der **Bevölkerung** analysieren erhalten sie eine realistische Einschätzung über den aktuellen sowie zukünftig zu erwartenden Personalbedarf. Dadurch können Fragen wie in welcher Richtung *entwickelt sich die Bevölkerung quantitativ, wie viele Arbeitsplätze stehen wie vielen potenziellen Arbeitskräften zur Verfügung, welche Qualifikationen werden nachgefragt und angeboten.* Darüber hinaus ist es für den Arbeitgeber interessant zu erfahren, *welche Ausbildungswünsche die Schulabsolventen favorisieren und welches Image an bestimmten Berufen und Branchen haftet.*[173]

Damit eine unternehmensspezifische **Ausbildungsmarketingstrategie** entwickelt werden kann, sollte zunächst mittels Unternehmensanalyse die aktuelle **Ausgangslage** bestimmt und beschrieben werden.[174]

Die **Datenanalyse** kann sowohl auf **primär- oder Sekundärdaten** beruhen. Beispielsweise liefern Sekundärdaten der *Agentur für Arbeit* wertvolle Ergebnisse zur **Arbeitsmarkt – und Bevölkerungsstruktur**. Forschungsarbeiten, wie etwa die *Shell-Studie* oder das *Trendence-Absoventenbarometer*, können

---

[173] Vgl. Felser, G. (2010), S. 11f.

[174] Vgl. Konschak, B. (2014), S. 20.

relevante Ergebnisse über **psychologische Faktoren** der relevanten Zielgruppe, wie etwa zum Ausbildungsverhalten oder zur Arbeitseinstellung liefern.[175] **Unabhängig** von der **individuellen** Situation des Unternehmens kann die **Gestaltung** des Personalmarketings, jedoch durch folgende **drei Variablen** bestimmt werden (siehe dazu auch *Abbildung 10*):[176]

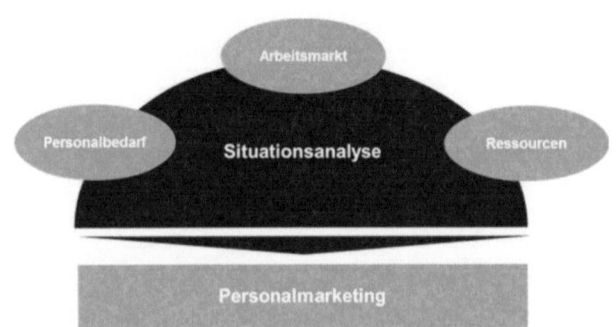

Abbildung 10: Variablen der Rahmenbedingung des Personalmarketings (Quelle: eigene Darstellung in Anlehnung an Konschak, B. (2014), S. 20.)

Der **Personalbedarf** beschreibt die **erste Variable** und definiert den kurzfristigen oder langfristigen Bedarf an Arbeitskräften eines Unternehmens, in **quantitativer** (Anzahl an benötigten Arbeitskräften) und **qualitativer** (Anforderungs- und Qualifikationsprofil) Art.[177]

Da die **Akquisition** von und **Suche** nach qualifizierten **Arbeitskräften** am **Arbeitsmarkt** erfolgt, ist die **zweite Variable** durch den **Arbeitsmarkt** gekennzeichnet. Hier **schwankt** das **Angebot** und die **Nachfrage** an qualifizierten Arbeitskräften, **hinsichtlich** Quantität und Qualität, deshalb ist es **wichtig** das **Unternehmen** auf langfristiger Sicht, ihren **Personalbedarf** analysieren und **planen**.[178]

Der externe Arbeitsmarkt, kann von einzelnen Unternehmen nur **geringfügig** beeinflusst und gesteuert werden. Deshalb haben viele Unternehmen mit **Akquisitionsproblemen** zu kämpfen.[179]

---

[175] Vgl. Felser, G. (2010), S. 11f.

[176] Abb. In Anlehnung an Konschak, B. (2014), S. 20.

[177] Vgl. Konschak, B. (2014), S. 19.

[178] Vgl. Scholz, C. (2014), S. 485; sowie Konschak, B. (2014), S. 19f.

[179] Vgl. Scholz, C. (2014), S. 485; sowie Konschak, B. (2014), S. 19f.

Der **Arbeitsmarkt** kann lediglich durch **gesellschaftspolitisches Engagement** der Unternehmen beeinflusst werden, indem sie ihr Angebot an **Ausbildungs-** und **Qualifizierungsmaßnahmen** langfristig **ausbauen**.[180] Dadurch können **Ausbildungsbetriebe**, die Qualität und Quantität der **verfügbaren** Arbeitskräfte auf dem Arbeitsmarkt positiv **beeinflussen**.[181] Nicht zuletzt können **mittelständische** Unternehmen die **betriebliche Ausbildung** als zentrales **Instrument** der **Fachkräftesicherung** einsetzen.[182]

Die **dritte Variable** beinhaltet die zukünftig zur Verfügung stehenden **Ressourcen** der Unternehmen. Denn die Ressourcen bestimmen über die **Handlungsfähigkeit** des **Personalmarketings**. Die verfügbaren **finanziellen Ressourcen** der Unternehmen beeinflussen, z. B. die Höhe des **Budgets**, das für Personalmarketingaktivitäten investiert werden soll sowie über den Einsatz und Einstellung von **Fachkräften**, die mit der Ausgestaltung des Personalmarketings betraut werden. Die **Qualität** der personellen Ressourcen, bestimmt wiederum das Maß an vorhandenem **Fachwissen** im Unternehmen.[183]

Aus **ökonomischer Sichtweise**, besteht also die größte **Herausforderung** des Personalmarketings darin den Personalbedarf eines Unternehmens, mit bestmöglicher **Passgenauigkeit** am Arbeitsmarkt, mit möglichst **geringem Ressourceneinsatz** zu decken.[184]

3.4 Kern Charakteristiken des deutschen Mittelstands und ihre Auswirkungen auf die Ausgestaltung der Personalpolitik

Die zuvor vorgestellten Prozessschritte zeigen, dass sich die **Aufgaben** des Personalmanagements in **mittelständischen Unternehmen** nicht von denen, in nicht mittelständischen Unternehmen **unterscheiden** (sollten). Jedoch

---

[180] Vgl. Konschak, B. (2014), S. 19f.

[181] Vgl. Konschak, B. (2014), S. 19f.

[182] Vgl. KfW Research (31. August 2015), S. 1.

[183] Vgl. Vgl. Konschak, B. (2014), S. 20.

[184] Vgl. Konschak, B. (2014), S. 20.

gestalten Mittelständler ihre **Personalpolitik** anders.[185] Dabei ist ein **Vergleich** der mittelständischen Personalpolitik mit dem Personalmanagement von Großunternehmen nicht **Zweck** und **zielführend**.[186] Denn unterscheidet sie sich nicht nur hinsichtlich ihrer unterschiedlichen **arbeitsrechtlichen Bedingungen**, sondern auch durch den geringen **Institutionalisierungsgrad** der Personalpolitik.[187] Daneben ist die mittelständische Personalpolitik durch besondere **interne** sowie **externe Rahmenbedingungen** gekennzeichnet, die sich stark von konzernabhängigen (Groß-)Unternehmen unterscheiden.[188] Durch die starke **Heterogenität** mittelständischer Unternehmen, unterscheiden sie sich jedoch auch innerhalb ihrer Gruppe.[189] Dabei erschwert die Vielfalt des Mittelstands allgemein gültige Aussagen über die **Handhabung personalpolitischer Aufgaben** und Probleme in den jeweiligen Unternehmen zu treffen.[190]

Zudem **beeinflusst** eine Vielzahl externer **Umweltfaktoren**, wie im Kapitel 4 noch zu zeigen sein wird, die Ausgestaltung der **betrieblichen Personalpolitik**, in den jeweiligen Unternehmen.[191] Trotzdem können und sollen nachfolgend bestimmte grundlegende **Organisationsmerkmale** identifiziert werden, die überwiegend in mittelständischen Unternehmen vorzufinden sind. Damit zumindest **tendenzielle Unterschiede** zwischen mittelständischen und nicht mittelständischen Unternehmen **aufgedeckt** werden können.[192]

---

[185] Vgl. Hamel, W. (2013), S. 248; sowie Meyer, J. A. (2012), S. 3ff.

[186] Vgl. Richter, M. (2009), S. 7.

[187] Vgl. Richter, M. (2009), S. 7f.

[188] Schwarz, D. (2010), S. 34f; sowie Meyer, J. A. (2012), S. 3ff.

[189] Vgl. Kay, R./Richter, M. (2010), S. 12; sowie Behrends, T. (2002), S. 38f. Siehe dazu auch aktuelle Studienergebnisse von: Becker, W./Krämer, J./Ulrich, P. (2013), S. 350ff.; Zielsetzung der Studie war es, verschiedene Geschäftsmodelle mittelständischer Unternehmen zu untersuchen, damit zukünftige Analysen des Unternehmenstypus „Mittelstand" differenzierter als in der Vergangenheit durchgeführt werden können. In diesem Kontext identifizierten sie vier Archetypen mittelständischer Unternehmen: den (1) Mittelständischer Nischenanbieter mit einfacher Organisation, den (2) Bürokratischer Mittelständler mit standardisiertem Produktprogramm, den (3) Innovativen Mittelständler mit geringem Formalisierungsgrad und (den 4) Diversifizierter Mittelständler mit hoher Produktvielfalt.

[190] Vgl. Hamel, W. (2013), S. 248; sowie Behrends, T. (2002), S. 38.

[191] Vgl. Behrends, T. (2002), S. 38.

[192] Vgl. Behrends, T. (2002), S. 38f.

3.4.1 Fakten zur Volkswirtschaftlichen Bedeutung und zum Beschäftigungsbeitrag mittelständischer Unternehmen

Die Frage nach der **volkswirtschaftlichen Bedeutung** des Mittelstands stellt sich insbesondere im Hinblick auf die besondere Aufmerksamkeit, die mittelständische Unternehmen aus Sicht, **staatlicher Institutionen** und der Vielzahl an wissenschaftlichen Publikationen erfahren.[193] Nur ein **signifikanter Beitrag** zur deutschen Volkswirtschaft kann also dieses große Interesse rechtfertigen.[194]

Unabhängig von der Zugrunde gelegten Definition des Mittelstandsbegriffs, kommen zahlreiche Studien zu dem Ergebnis, dass **weit über 80 Prozent** der Unternehmen in Deutschland dem **Mittelstand zuzuordnen** sind.[195] Das Bonner Institut für Mittelstandsforschung, zählt nach ihrer zugrunde gelegten **KMU Definition** darüber hinaus 99, 6 Prozent der deutschen Unternehmen zum deutschen Mittelstand.[196] **Ergänzend** dazu, belegen folgende Zahlen (siehe dazu auch *Abbildung 11 und 12*) die **herausragende Bedeutung** der kleinen und mittleren Unternehmen für die deutsche Volkswirtschaft.

Mittelständische Unternehmen in Deutschland[197]:

→ Gehören mit einer Unternehmensquote von 99,7 Prozent[198] zur dominierenden Unternehmensform.[199]

→ Erzielen ein Drittel (32 %) des Gesamtumsatzes.[200]

→ Beschäftigen 6 von 10 sozialversicherungspflichtigen Arbeitnehmern;[201] das entspricht eine Beschäftigungsquote von knapp 60 Prozent.[202]

---

[193] Vgl. Reinemann, H. (2011), S. 10.

[194] Vgl. Reinemann, H. (2011), S. 10.

[195] Vgl. Vgl. Arentz, O./Münstermann, L. (2013), S. 8.

[196] Vgl. http://www.ifm-bonn.org/statistiken/mittelstand-im-einzelnen/#accordion=0&tab=0.

[197] Im folgend erfolgt die Analyse unter Verwendung des KMU Begriffs und unter Berücksichtigung der Arbeitsdefinition in Kapital 2.4. Sollte dennoch von der Arbeitsdefinition abgewichen werden, erfolgen entsprechende Hinweise.

[198] Vgl. IfM Bonn: Dies entspricht 3,7 Mio. in Deutschland steuerpflichtige Unternehmen, vgl. Arbeitsgemeinschaft Mittelstand (2015), S. 1.

[199] Unabhängig von der Zugrunde gelegten Definition, kommen zahlreiche Studien zu dem Ergebnis, dass weit über 80 Prozent der deutschen Unternehmen, dem Mittelstand zuzuordnen sind, vgl. Arentz, O./Münstermann, L. (2013), S. 8; Dabei liegen auf Kreisebene, innerhalb Deutschlands, Schwankungen bezüglich der Mittelstandsquote zwischen 58 und 91,9 Prozent vor, vgl. Berlemann, M./Jahn, V. (2014), S. 25.

[200] Statistisches Bundesamt (2016), S. 109.

➔ Bilden 4 von 5 Auszubildenden aus, damit also insgesamt 1,2 Millionen.[203]

➔ Tragen mit einer Ausbildungsbeteiligung von 81,8 Prozent,[204] zu einer niedrigen Jugendarbeitslosigkeit bei (liegt derzeit bei 7,8 %).[205]

➔ Befinden sich mit einer Quote von 95 Prozent mehrheitlich in Familienhand.[206]

➔ Sind überwiegend in den arbeitsintensiven Branchen angesiedelt.[207] So sind im Industriebereich, knapp die Hälfte aller Mittelständler angesiedelt, ein Drittel gehört zum Handel und 17 Prozent sind dem Dienstleistungssektor zugehörig.[208]

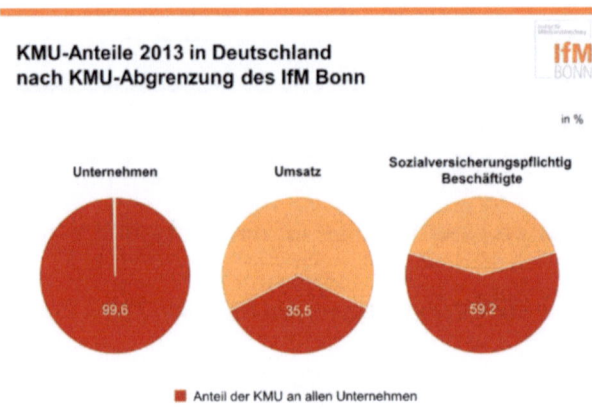

Abbildung 11: KMU Anteile in Deutschland nach der KMU Definition des IfM Bonn (Quelle: IfM Bonn, Stand 31.05.2015)

---

[201] Vgl. Arbeitsgemeinschaft Mittelstand (2015), S. 1.

[202] Vgl. IfM Bonn: www.ifm-bonn.org (Stand Dezember 2015), (die Beschäftigungsquote wurde ohne Berücksichtigung der Beschäftigungsquote der Auszubildenden berechnet).

[203] Vgl. Arbeitsgemeinschaft Mittelstand (2015), S. 1.

[204] Vgl. IfM Bonn: www.ifm-bonn.org (Stand Dezember 2015).

[205] Vgl. Statistisches Bundesamt (11.08.2015), Pressemitteilung Nr. 288.

[206] Vgl. Arbeitsgemeinschaft Mittelstand (2015), S. 1; sowie Berghoff, H. (2006), S. 272.

[207] Während Großunternehmen eher kapitalintensiv wirtschaften. Deshalb tragen sie zum Großteil aller Umsätze und zur Bruttowertschöpfung in Deutschland bei. Vgl. Reinemann, H. (2011), S. 10f.

[208] Vgl. Ge-Capital (2015), S. 9; sowie Reinemann, H. (2011), S. 10f.

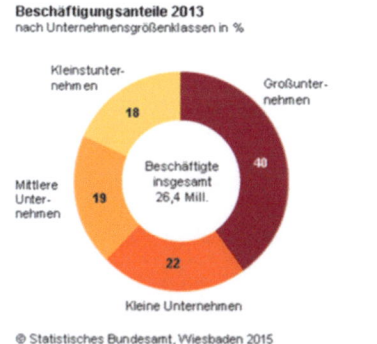

Abbildung 12: Beschäftigungsanteile und Umsatz nach Unternehmensgrößenklassen (Quelle: Statistisches Bundesamt, Wiesbaden 2015).

Vergleicht man die **Unternehmenslandschaft** Deutschlands mit der Unternehmensstruktur innerhalb der **Europäischen Union** (EU) fällt auf, dass in der EU mehrheitlich eher kleinst und Mikrounternehmen existieren während die deutsche Wirtschaft ihre Kraft vor allem aus Unternehmen **mittlerer Größe** schöpft.[210] Die Unternehmen mittlerer Größe sorgen innerhalb Deutschlands für **wirtschaftliche Stabilität**. Dabei ist die **Stammbelegschaft** ein wesentlicher Erfolgsfaktor mittelständischer Unternehmen. Selbst in Krisenzeiten und bei **konjunkturellen Auftragsschwankungen**, versuchen mittelständische Unternehmen ihre Belegschaft zu halten. Trotzdem sind **Beschäftigungsschwankungen** in kleinen Unternehmen eher die Regel als die Ausnahme.[211]

Hingegen ist in **Großunternehmen** zu beobachten, dass die Zahl an **Leiharbeitern** deutlich zunimmt. Dadurch schaffen sich diese Unternehmen einen **strategischen Puffer,** an personellen Kapazitäten. Abhängig von der Auftragslage können die Kapazitäten flexibel und kurzfristig verringert oder vergrößert werden ohne das die **Öffentlichkeit** davon Kenntnis nimmt.[212]

Die beherrschende **Bedeutung**, der mittelständischen Unternehmen für den Arbeitsmarkt gilt auch für den **Ausbildungsmarkt**. Aufgrund der hohen **Flexibilität** mittelständischer Unternehmen sind hier vor allem vielseitig, ausgebildete

---

[209] Die Zahlen und Daten, des Statistischen Bundesamts in Wiesbaden, basieren auf der KMU Definition der Europäischen Union (Siehe dazu Kapitel 2.2.3). Jedoch sind die Unterschiede im Vergleich zu den Zahlen und Daten des IfM Bonn geringfügig (siehe Abb. 4)

[210] Vgl. Reinemann, [211] Vgl. Reinemann, H. (2011), S. 12; sowie Scholz, C. (2014), S. 260.

[211] Vgl. Reinemann, H. (2011), S. 12; sowie Scholz, C. (2014), S. 260.

[212] Vgl. Richter, M. (2009), S. 7.

Mitarbeiter gefragt. Dies erklärt auch die überdurchschnittliche Ausbildungsquote von knapp 82 Prozent.[213]

Insgesamt tragen also kleine und mittlere Unternehmen, mit Bezug auf die Informationen und Studien des IfM Bonn, einen **relativen höheren Beschäftigungsbeitrag** auf, als Großunternehmen (siehe dazu auch *Abbildung 13*).[214]

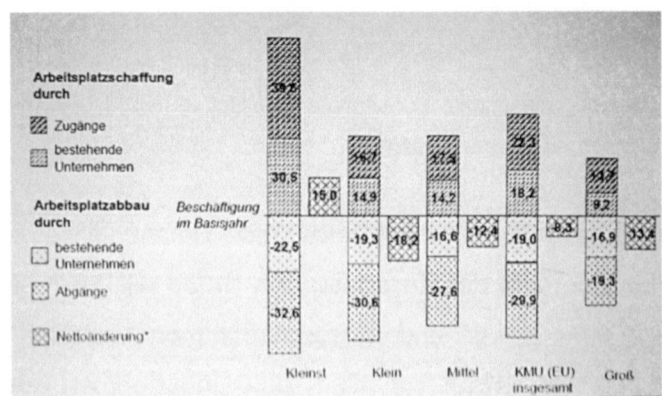

Abbildung 13: Beschäftigungsbeitrag von KMU im Vergleich mit Großunternehmen (Quelle: May-Strobl, E./Haunschild, L. (2009), S. 27.)

3.4.2 Geringer Institutionalisierungsgrad in mittelständischen Unternehmen.

Der **geringe Institutionalisierungsgrad** des **Personalmanagements** in mittelständischen Unternehmen wird **häufig** als ein **wichtiges Abgrenzungskriterium** herangezogen, um die unterschiedliche Ausgestaltung des Personalmanagements im Vergleich zu Großunternehmen herauszustellen.[215] Dabei weisen vielzählige **empirische Studien** auf den Zusammenhang hin, dass mit steigender Unternehmensgröße, die Chancen für die Einrichtung einer Personalabteilung ansteigen.[216]

---

[213] Vgl. IfM-Bonn: www.ifm-bonn.org (Stand Dezember 2015); sowie Hamer, E. (2013), S. 39.

[214] Vgl. May-Strobl, E./Haunschild, L./IfM Bonn (Hrsg.) (2009), S. 27.

[215] Vgl. Richter, M. (2009), S. 10; sowie Behrends, T. (2007), S. 57.

[216] So verfügen lediglich 6 Prozent der Unternehmen mit weniger als 19 Beschäftigten über eine Personalabteilung. In Unternehmen mit weniger als 99 Mitarbeitern, steigt der Anteil auf 26 Prozent und in größeren mittelständischen Unternehmen sind es bereits 85 Prozent der

In der Literatur wird häufig darauf verwiesen, dass der geringe **Institutionalisierungsgrad** des Personalwesens und die hinzukommende tendenzielle **Ressourcenknappheit** in mittelständischen Unternehmen, insbesondere in Bezug auf **Personal und Finanzen**, negativen Einfluss auf die **Intensität** und **Qualität** von **Rekrutierungsmaßnahmen**, im Vergleich zu Unternehmen mit Personalabteilung haben.[217] Begründet wird dieser Zusammenhang häufig damit, das in den Unternehmen, die über kein institutionalisiertes Personalwesen verfügen, die Unternehmensleitung selbst die Verantwortung für die Personalpolitik übernimmt und von daher, von deren fachlichen **Know-how** abhängig ist.[218] So setzten lediglich **20 Prozent** der Unternehmen mit einer **Beschäftigungszahl** von weniger als 20 Mitarbeitern, Instrumente der **formalisierten Personalplanung** ein, während Unternehmen mit einer Beschäftigungszahl zwischen 20 und 999 in 50 Prozent der Fällen auf eine **formalisierte Personalplanung** setzten.[219] Vor diesem Hintergrund kommen **Studien** zum Ergebnis, dass die **Rahmenbedingungen** und Gesamtsituation der **mittelständischen Unternehmen** dazu führe dass es in diesen Unternehmen an **strategische Planung** mangele und deshalb darunter u.a. die **Professionalität** der mittelständischen Personalpolitik leide.[220]

Dagegen spricht jedoch, dass in wenigen Studien die **Frage** nach der **Notwendigkeit** eines **institutionalisierten Personalwesens** in mittelständischen Unternehmen beantwortet wird. Von daher, ist der Autor der Auffassung, dass die **Einrichtung** einer **Personalabteilung** weder eine **Lösung** für alle Unternehmenstypen darstellt, noch den personalpolitischen **Professionalisierungsgrad** einer Organisation **sicherstellt**. Viel wichtiger erscheinen in diesem Kontext die **individuellen Rahmenbedingungen** der jeweiligen Organisation zu sein und damit verbundenen, die spezifischen qualitativen **Organisationsmerkmale**.

Unternehmen, die über eine Personalabteilung verfügen, vgl. Kay, R./Richter, M. (2010), S. 35; sowie Claaßen, N. (2008), S. 20 und Richter, M. (2009), S. 10.

[217] Vgl. Immerschitt, W./Stumpf, M. (2014), S. 26; sowie Kay, R./Richter, M. (2010), S. 37.

[218] Vgl. Kay, R./Richter, M. (2010), S. 35.

[219] Vgl. Kay, R./Richter, M. (2010), S. 35.

[220] Vgl. Richter, M. (2009), S. 10.; sowie Behrends, T. (2002), S. 46.

3.4.3 Qualitative Kern Charakteristiken und ihre Auswirkungen auf die Gestaltung der Personalpolitik

In der **Literatur** sind **vielzählige** Auflistungen von qualitativen **Merkmalen** vorzufinden, die die **Andersartigkeit** des Mittelstands **erklären** sollen.[221] Im Folgenden **konzentriert** sich der Autor, jedoch auf **drei Dimensionen**, die aus der Literatur **abgeleitet** wurden.[222] Anhand dessen können die **spezifischen Organisationsmerkmale** mittelständischer Unternehmen, nicht nur hinreichend beschrieben werden, sondern erscheinen auch **im Hinblick** auf die **Ausgestaltung** mittelständischer **Personalpolitik**, am **bedeutungsvollsten** zu sein. Dies wird im weiteren Verlauf der vorliegenden Studie auch noch zu zeigen sein.

Abbildung 14 zeigt zunächst die **drei** bedeutsamsten **Dimensionen** von denen sich **mittelständische Unternehmen,** von nicht mittelständischen Unternehmen **unterscheiden.** Dabei **visualisiert** die Darstellung das **Spannungsfeld** zwischen den **drei Dimensionen** und den daraus resultierenden **Stärken** und **Schwächen** mittelständischer Unternehmen. Im Folgenden werden die **Inhalte** der drei Dimensionen:

1. Eigentümerstruktur,
2. Haftungsstruktur und
3. Unternehmensstruktur

näher **beschrieben** und **analysiert**.

---

[221] Eine umfangreiche Auflistung qualitativer Merkmale von mittelständischen Unternehmen, im Vergleich zu Großunternehmen ist u.a. bei Pfohl (Pfohl, H.C. (2013), S. 19ff) zu finden. Pfohl vergleicht die beiden Betriebsformen anhand festgelegter Kriterien, in den Bereichen Unternehmensführung, Organisation, Beschaffung, Produktion, Absatz, Logistik, Finanzierung, Forschung und Entwicklung, Personal und Entsorgung.

[222] Siehe dazu u.a. Staffel, M. (2015), S. 22ff., sowie Behrends, T. (2002), S. 40ff; sowie Hausmann, N./Zdrowomyslaw, N. (2013), S. 29ff.; und Hamer, E. (2013), S. 31.

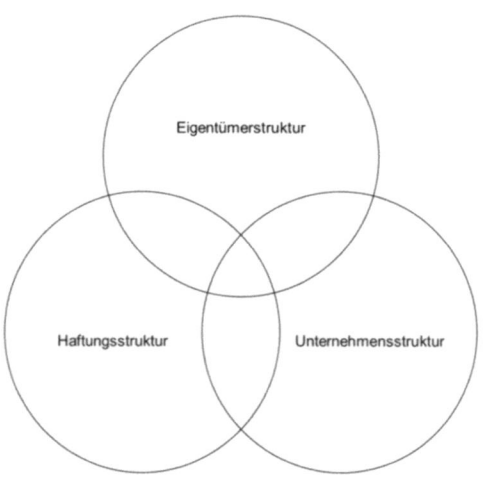

Abbildung 14: Spannungsfeld mittelständischer Unternehmen (Quelle: eigene Darstellung).

In der Literatur herrscht **Einigkeit** darüber, dass nicht die Größe für den **mittelständischen Charakter** ausschlaggebend ist, sondern der **Eigentümer** an sich.[223] Da sich der **Charakter** mittelständischer Unternehmen durch die **Unternehmerpersönlichkeit** an sich herausbildet, gehört er als Manager zum **festen Inventar**. In **Kapitalgesellschaften** hingegen kann er beliebig oft **ausgetauscht** werden.[224]

Deshalb **unterscheiden** sich mittelständische Unternehmen von anderen **Unternehmenstypen**, vor allem durch die **Eigentümer- und Führungsstruktur**. Mittelständische Unternehmen sind i.d.R. **Inhabergeführt** und dadurch sehr **Personenbezogen**.[225] Der **Inhaber bildet** mit dem Unternehmen eine **Einheit** und ist häufig in **operativen** Unternehmenstätigkeiten eingebunden.[226] Daraus folgt eine starke **emotionale Verbundenheit** mit dem Unternehmen. Diese ist viel **stärker** ausgeprägt, als bei **angestellten Managern**.[227] Somit zeichnet sich die erste Dimension, vor allem durch das Kriterium: **Einheit von Eigentümer und Leitung** aus.[228]

---

[223] Vgl. Berghoff, H. (2006), S. 271; sowie Welter, F. et al (2015). S. 55ff.

[224] Vgl. Hamer, E. (2013), S. 13.

[225] Vgl. Homuth, V. (2016), S. 69.

[226] Vgl. Fust, A./Fueglistaller, U. (2016), S. 56.

[227] Vgl. Berghoff, H. (2006), S. 271; sowie Hamer, E. (2013), S. 32; und Gantzel, K.J. (1962), S. 279.

[228] Vgl. Fust, A./Fueglistaller, U. (2016), S. 56. Jedoch sind Forscher und Praktiker sich wiederum uneins, wenn es darum geht, die Ausprägung der Einheit von Eigentümer und

Dies schließt jedoch nicht aus, dass mittelständische Unternehmen **Kooperationen** bzw. **strategische Allianzen**[229] mit anderen Unternehmen eingehen können. **Vorausgesetzt** die **Unabhängigkeit** des Eigentümers wird dadurch nicht gefährdet.[230]

Die **zweite Dimension** kann vor allem durch das Merkmal **Einheit von Risiko und Haftung**[231] beschrieben werden und bildet ein weiteres wichtiges **Abgrenzungskriterium** zu nicht mittelständischen Unternehmen.[232] Der **Inhaber** ist daran interessiert das Unternehmen für seine **Existenzsicherung** langfristig aufrechtzuerhalten.[233] Deshalb trifft er seine **Entscheidungen** unter ganz anderen Rahmenbedingungen, als es bei konzernabhängigen Unternehmen üblich ist.

Durch die **Konzernunabhängigkeit** mittelständischer Unternehmen, zumindest überwiegend, unterliegen diese Unternehmen ganz **anderen Rahmenbedingungen**, als es bei konzernabhängigen Unternehmen der Fall ist (z. B. aufgrund ihrer Eigenkapitalausstattung sind die finanziellen Ressourcen knapp).[234] Mittelständische Unternehmen agieren tendenziell **eigenverantwortlich** und **fokussiert**. Ihre **Strategie** richten sie i.d.R. auf ihre **Kernkompetenzen** und

---

Leitung zu beurteilen und festzulegen. So legt das *IfM Bonn, z. B.* in ihrer Mittelstandsdefinition fest, dass *mindestens 50 %* der Unternehmensanteile im Besitz des Eigentümers sein müssen, damit das Kriterium Einheit von Eigentümer und Leitung erfüllt wird (siehe dazu auch Kapitel 2.3.1). Hingegen legt die Europäische Kommission in ihrer KMU Definition fest, dass eine Beteiligung größer als 25 % bereits als schädlich anzusehen ist.

[228] Vgl. Hamer, E. (2013), S. 13.

[229] Unter dem Begriff strategische Allianzen versteht man in der Betriebswirtschaftlehre Kooperationen von Unternehmen, die miteinander im Wettbewerb stehen, also auf der gleichen Wertschöpfungsstufe agieren, jedoch miteinander kooperieren, damit sie gemeinsam ihre Kräfte gegenüber anderen Wettbewerb ihrer Branche bündeln können. (Vgl. Hungenberg, H./Wulf, T. (2015), S. 117.

[230] Die Europäische Kommission (2006), S. 11, legt in ihrer KMU Definition fest, dass es sich um eine Beziehung zu Partnerunternehmen (bzw. strategischen Allianzen) handelt, wenn ein anderes Unternehmen mit mehr als 25 %, aber weniger als 50 %, am Stammkapital des KMU beteiligt ist (siehe dazu Kapitel 2.2.1). Im Verständnis des Autors nehmen strategische Allianzen, in einer globalisierten Welt, stark an Bedeutung zu, um wettbewerbsfähig zu bleiben. Siehe dazu auch Berghoff, H. (2006), S. 276 & 295; sowie Hausch K.T. (2004), S. 30ff.

[231] Inhaber haftet im eigenen Namen, auf eigene Rechnung und trägt alleinige Konsequenzen die sich aus dem Rechtssystem ergeben, vgl. Hamer, E. (2013), S. 31ff.

[232] Vgl. siehe dazu auch Welter, F. et al. (2014b), S. 49.

[233] Vgl. Hausmann, T./Zdrowomyslaw, N. (2013), S. 26; sowie Berghoff, H. (2006), S. 273: sowie Fust, A./Fueglistaller, U. (2016), S. 56.

[234] Vgl. Hausmann, T./Zdrowomyslaw, N. (2013), S.26; sowie Hamer, E. (2013), S. 32.

wagen sich **eher selten** an die risikobehafteten **Diversifikationsstrategien** heran.[235] Da sie ihr **Eigenkapital** und **Privatvermögen** in das Unternehmen investieren **haften** sie mit ihrem Privateigentum.[236] Dadurch sind die Entscheidungen Inhabergeführte Unternehmen i. d. R. an den **langfristigen Erfolg** des Unternehmens ausgerichtet.[237] Dabei **beziehen** sie in ihren **Entscheidungen** und **Risikoanalysen**, auch ihr **unmittelbares Unternehmensumfeld** mit ein.[238]

Damit ist die Überleitung zur **dritten Dimension**, der Unternehmensstruktur gelungen. Die zeichnet sich nämlich durch die besondere **Beziehung des Inhabers**, zu seinem **Unternehmen** und **Unternehmensumfeld** aus.[239] Durch die **geringe Leitungstiefe**, herrschen in mittelständischen Unternehmen tendenziell flache **Hierarchien**. Dadurch wird es wiederum möglich, einen **persönlichen Kontakt** zwischen Unternehmensleitung und Mitarbeitenden herzustellen.[240]

Häufig wird in diesem Kontext auch von einer **patriarchischen Unternehmenskultur** gesprochen, die sich u. a. durch einen wohlwollenden und **verantwortungsbewussten** Umgang mit den **Angestellten** bemerkbar macht.[241] Zwischen der **Unternehmensleitung** und den **Mitarbeitenden** herrscht i. d. R. ein **vertrauensvoller** und **loyaler** Umgang. Und selbst in wirtschaftlich **turbulenten Zeiten**, versuchen mittelständische Unternehmen ihre Belegschaft **weiterzubeschäftigen**, da sie den **Wert**, die **Loyalität** und **Fähigkeiten** ihrer Mitarbeiter zuschätzten wissen.[242] Die **Inhaber** mittelständischer Unternehmen fühlen sich mit der **Region** des jeweiligen Unternehmensstandortes häufig **tief verbunden**. Mitunter ist deshalb, bei mittelständischen Unternehmen, dass regionale, **gesellschaftspolitisches Engagement** stark ausgeprägt.[243]

---

[235] Vgl. Berghoff, H. (2006), S. 272.

[236] Vgl. Hamer, E. (2013), S. 32.

[237] Vgl. Berghoff, H. (2006), S. 272.

[238] Kay, R./Richter, M. (2010), S. 13.

[239] Vgl. Reinemann, H. (2011), S. 6; sowie Berghoff, H. (2006), S. 271; sowie Welter, F. et al (2015), S. 55ff; und Hausmann, T./Zdrowomyslaw, N. (2013), S. 26.

[240] Vgl. Reinemann, H. (2011), S. 6; sowie Fust, A./Fueglistaller, U. (2016), S. 56.

[241] Vgl. Berghoff, H. (2006), S. 274.

[242] Vgl. Berghoff, H. (2006), S. 274; sowie Hamel, W. (2013), S. 249.

[243] Vgl. Hausmann, T./Zdrowomyslaw, N. (2013), S. 26; sowie Reinemann, H. (2011), S. 6; sowie Berghoff, H. (2006), S. 274; und Kay, R./Richter, M. (2010), S. 13.

Nachfolgend zeigt *Tabelle 6*[244] die **Erfolgspotenziale** und **Herausforderungen** mittelständischer Unternehmen, die sich einerseits aus den **Ergebnissen** der **Organisationsspezifischen** Merkmale **mittelständischer Unternehmen** ergeben, andererseits aus der Literatur ableiten lassen.

---

[244] In Anlehnung an: Staffel, M. (2015), S. 22ff., sowie Behrends, T. (2002), S. 40ff; sowie Hausmann, N./Zdrowomyslaw, N. (2013), S. 29ff; sowie Hamer, E. (2013), S. 31; May, P./ Koeberle-Schmid, A. (2012), S. 57; sowie Kay, R./ Richter, M. (2010); S.11ff; sowie Fust, A./Fueglistaller, U. (2016), S. 56ff; sowie Kaschny, N./Nolden, M./Schreuder, S. (2015), S. 14 und Dömötör, R. (2011), S. 9ff; sowie Scholz, C. (2014), S. 252.

Bereich	Kurzbeschreibung der Kriterien	Potenziale	Herausforderungen
A. Eigentümerstruktur (Einheit von Eigentümer & Leitung)			
	Leitung liegt i.d.R. bei einer Person	▪ Markt-und Mitarbeiternähe	▪ Starke Identifikation mit dem Unternehmen kann zu Machtmissbrauch und starre Sichtweisen, bzw. Betriebsblindheit führen
	Eigentümer beeinflusst Unternehmensziele sowie Entscheidungsgrundlagen der Unternehmensführung	▪ Glaubwürdigkeit des Unternehmers als Inhaber	▪ Fehlendes Know-how (knappe personelle/ wissensbasierte Ressourcen)
	Eigentümer ist in operativen Unternehmenstätigkeiten eingebunden		▪ Zentralisierte Entscheidungsfindung
	starke Unternehmensidentifikation des Eigentümers		▪ Überlastung durch Routinetätigkeiten (Zeitmangel für strategische Aufgaben)
B. Haftungsstruktur (Einheit von Risiko & Haftung)			
	Eigentümer haftet mit seinem Privatvermögen	▪ Unabhängigkeit des Unternehmens	▪ Existenzsicherung
	i. d. R. Konzernunabhängig	▪ Nicht fremdbestimmt	▪ Trägt hohe Verantwortung für Mitarbeiter
	Knappe finanzielle Ressourcenausstattung		▪ Hohe Verantwortung u.a. auch ggü. Beschäftigten
			▪ Abhängigkeit von Lieferanten und Kunden
			▪ Eher geringe Risikobereitschaft des Inhabers
			▪ Kapitalbeschaffung
			▪ Internationaler Wettbewerbsdruck
C. Unternehmensstruktur (Besondere Unternehmensstruktur)			
	hohe Flexibilität	▪ schnelle Anpassungsmöglichkeiten an (Markt-)Veränderungen)	▪ wenig spezialisierte Stellen
	hohe Kundennähe	▪ Individualisierte Produkte	▪ geringer Einsatz von strategischen Management Instrumenten
	Konzentration auf Kernkompetenzen	▪ Unternehmenswerte sind von Mitarbeitern und Kunden erlebbar (nicht nur Hochglanzbroschüre)	▪ informelle Organisation
	flache Hierarchieebenen	▪ Geringe/ keine Bürokratisierung/	
	geringer Formalisierungsgrad	▪ kurze Entscheidungswege & Transparenz	

Tabelle 6: Erfolgspotenziale und Herausforderungen mittelständischer Unternehmen (Quelle: eigene Darstellung)

61

3.4.4 Stärken und Schwächen Profil der mittelständischen Personalpolitik

Unter Berücksichtigung der vorangegangenen Diskussion, erfolgt in der vorliegenden Untersuchung **kein Vergleich** zwischen der **mittelständischen Personalpolitik** und der in konzernabhängigen **(Groß-)Unternehmen**. Da sich die Rahmenbedingungen mittelständischer Unternehmen, stark von denen in konzernabhängigen (Groß-) Unternehmen unterscheiden und von daher, eine **Lösung** unabhängig voneinander entwickelt werden sollte.[245]

Der Autor hat bereits aufgezeigt, dass mittelständische Unternehmen durch die Herausbildung **spezifischer Organisationsstrukturen**, ihrer eigenen Logik unterliegen. Von daher kann eine **Defizitanalyse**, die den Charakter hat mittelständische Unternehmen als **Miniaturausgabe** (Großer-) konzernabhängiger Unternehmen zu betrachten, nicht zweck- und zielführend sein, um zielgruppengerechte Konzepte zu entwickeln.[246] Anstatt die **Bewertungsmaßstäbe** mittelständischer Unternehmen an **Großbetriebliche Lösungen** auszurichten, die zudem nur eine **modifizierte Lösung** darstellen. Da sie ursprünglich auf die **Bedürfnisse** Großunternehmen ausgelegt sind, verfolgt die vorliegende Untersuchung das erstrebenswerte **Ziel**, Handlungsempfehlungen für die erfolgreiche **Rekrutierung von Auszubildenden** abzuleiten, die auf die **Rahmenbedingungen** mittelständischer Unternehmen zugeschnitten sind. Damit soll eine **Lösung** entstehen, die auf Grundlage der spezifischen Gegebenheiten mittelständischer Unternehmen, unter Berücksichtigung der gegenwärtigen und künftigen Unternehmensrelevanten **Einflussfaktoren** basiert. Nachfolgend, zeigt *Tabelle 7* **Stärken** sowie **Schwächen** der mittelständischen Personalpolitik mit entsprechenden **Lösungsansätzen**.[247]

---

[245] Vgl. Schwarz, D. (2010), S. 34f; sowie Meyer, J. A. (2012), S. 3ff.

[246] Vgl. Behrends, T. (2002), S. 46.

[247] Die Charakterisierung der mittelständischen Personalpolitik, erfolgt auf Basis, der zuvor identifizierten Erfolgspotenziale und Herausforderungen mittelständischer Unternehmen (siehe dazu Tabelle 9). Dabei ist anzumerken, dass die Merkmale nicht zwingend in allen mittelständischen Unternehmen vorhanden sein müssen, ebenso müssen nicht alle Merkmale gleichzeitig vorliegen. Vgl. Richter, M. (2009), S. 10ff./ sowie Happich, G./Classen, M. (2013), S. 248ff; sowie Wolf, J./Paul, H./Zipse, T. (2009), S. 20ff; sowie Haubold, A.K. (2014), S. 117ff; sowie Scholz, C. (2014), S. 252.

Bereich	Kriterien (Kurzbeschreibung)	Stärken bzw. Chancen	Lösungsansätze	Schwächen bzw. Risiken	Lösungsansätze
A. Eigentümerstruktur					
	Eigentümer trifft & beeinflusst i.d.R. personalpolitische Entscheidungen	✓	Fehlendes Fachwissen aneignen	X	Mitarbeiter miteinbeziehen z. B. bei Neueinstellungen und Weiterbildungsmaßnahmen
	Starke Identifikation des Eigentümers mit dem Unternehmen	✓	Authentische Unternehmenskultur	X	Offenheit für neue Ideen?
	fehlendes personalwirtschaftliches Know-how		Konzentration auf persönliche Stärken, mehr Zeit für Aufgaben des strategischen Managements	X	Wissen bündeln, z. B. durch Kooperationen (Mittelstandsvereinigung, Verbundunternehmen, externe Dienstleister, etc.).
	geringe strategische Ausgestaltung der Personalpolitik			X	Zeit einplanen und Aufgaben von geringer(er) Bedeutung delegieren/ Outsourcen
	geringe systematische bzw. strategische Personalplanung		Dadurch können frühzeitig personelle oder qualifikatorische Engpässe/ Überkapazitäten identifiziert werden: leistet dadurch einen Beitrag zur Fachkräftesicherung	X	Personalpolitik als strategischer Wettbewerbsvorteil anerkennen, Personalplanungsinstrumente einsetzen, z. B. Schätzverfahren zur Personalbedarfsbestimmung
B. Haftungsstruktur					
	Aus finanziellen Gründen i.d.R keine spezialisierten Fachkräfte beschäftigt und eher geringe Gehaltzahlungen, Sozialleistungen sind nur begrenzt möglich)			X	Weiterbildung interner Mitarbeiter / Fachwissen aneignen, nicht-monetäre Anreize anbieten und vermarkten
	Geringe Investitionen in die Ausgestaltung der Personalpolitik (z. B. Personalmarketingaktivitäten, Einsatz von Personalplanungsinstrumenten)			X	Kosten-Nutzen-Relation prüfen
	Human Ressource wird häufig als Kostenfaktor betrachtet			X	Einführung Wertbasiertes HRM und HRM Kennzahlen
C. Unternehmensstruktur					
	Fachkraft als knappe Ressource			X	Investition in die betriebliche Ausbildung als Instrument zur Nachwuchssicherung
	Starkes Commitment & Loyalität der Beschäftigten	✓	bietet Potenziale zur Stärkung der Arbeitgebermarke bzw. für Employer Branding Maßnahmen		
	Flache Hierarchien und kurze Entscheidungswege	✓	Kann Mitarbeitermotivation erhöhen, können als nicht-monetäre Anreize auf (externe & interne Mitarbeiter) attraktiv wirken		
	i.d.R. keine institutionalisierte Personalpolitik	✓	Muss kein Nachteil sein, geringer Bürokratisierungsgrad, geringe Kosten	X	Verbündung mit Netzwerkpartner: geringere Kosten durch Synergieeffekte, Austausch von Methodenwissen, Zugang zu öffentlichen Förderungsgeldern, etc.
	Bekanntheit ist meist auf Standortregion beschränkt		Standort stärken, Kontakt zu Schulen aufnehmen, Beteiligung an Ausbildungsmessen, Tag der offenen Türe anbieten	X	Arbeitgeberbekanntheit & Rekrutierung überregional ausweiten

Tabelle 7: Stärken und Schwächen der mittelständischen Personalpolitik auf Lösungsansätze (Quelle: eigene Darstellung).

4. Empirische Analyse von personalpolitischen Herausforderungen mit dem Fokus auf die Rekrutierung von Ausbildungsinteressierten

4.1 Bedeutung der strategischen Planung für eine wettbewerbsfähige Personalpolitik

Die **Ökonomie** versteht unter dem Begriff **Strategie**, die langfristige Planung von Maßnahmenkombinationen zur Erreichung der gesetzten **Unternehmensziele**.[248] Entsprechend kann unter dem Begriff **strategische Personalpolitik**, *„[...] die Planung, Umsetzung und Kontrolle von grundsätzlichen Handlungsmöglichkeiten zum frühzeitigen Aufbau, zum Erhalt, zur Nutzung oder zum Abbau von Personalpotenzialen"* verstanden werden.[249] Vor dem Hintergrund einer dynamischen und komplexer werdenden Weltwirtschaft wird die **strategische Planung** für Unternehmen **unverzichtbar**. Strategische Planung basiert auf zukünftige **Vorstellungen** unter Anwendung entsprechenden **Prognosemethoden**. Kombiniert mit einer **kreativen Vorausschau**, kann es Unternehmen dadurch gelingen, zukünftige **Chancen** und **Bedrohungen** für die relevanten Unternehmensbereiche **aufzudecken**. Dabei bilden die generierten **Erkenntnisse**, die Grundlage für die **Entwicklung** eines proaktiven **Handlungsplans**.[250] Im Ergebnis können dadurch **wirkungsvolle Handlungsstrategien** abgeleitet werden. Diesbezüglich bedarf es insbesondere **Personalstrategien**, die zu der jeweiligen **Unternehmensstrategie** passen und in sich ein **stimmiges Gesamtbild** ergeben.[251]

Auf Grundlage der **spezifischen Charakteristiken** sowie spezifischen Stärken und Restriktionen mittelständischer Unternehmen, leitet der Autor folgende Mindestanforderungen ab, die Personalpolitische Maßnahmen erfüllen müssen.[252]:

---

[248] Vgl. Mintzberg, H. (1990). S. 171ff.

[249] Drumm, H., J. (2008), S. 566; sowie Rowold, J. (2013), S. 16.

[250] Reymann, F. (2013), S.7ff.; sowie Kerth, K./Asum, H./Stich, V. (2015), S.230ff; sowie Huber, A, (2006), S. 6ff.

[251] Vgl. Bormann, K., C. (2013), S. 15.

[252] Vgl. siehe dazu auch Homuth, V. (2016), S. 73.

- ➤ Hohe Wirkungsorientierung und Effizienzanforderungen
- ➤ Einfache Anwendbarkeit und schnelle Durchsetzbarkeit
- ➤ Geringe personelle und finanzelle Ressourcenbindung
- ➤ Tiefes Fachwissen sollte nicht vorausgesetzt werden
- ➤ Hohe Kosten-Nutzen-Relation der (Rekrutierungs-)Strategien

Zusätzlich werden die **Gestaltungsmöglichkeiten** mittelständische Personal-politik von **externen Trends**, Entwicklungen und Herausforderungen beein-flusst. Diese **Einflussfaktoren** werden in diesem **Kapitel 4** identifiziert und hinsichtlich Chancen und Risiken für die **Rekrutierung Auszubildender** in mittelständischen Unternehmen überprüft.

4.2 Einflussfaktoren der betrieblichen Ausbildungsentscheidung

Wissenschaftler, Praktiker und Politiker plädieren in öffentlichen **Diskussionen** zunehmend für eine strategische **Neuausrichtung der Personalpolitik**.[253] Durch den **Einfluss** externer **Umweltfaktoren**[254] sowie internen **Herausforderungen**[255] erweist sich die **Gestaltung** der **strategischen Neuausrichtung** in der Praxis jedoch als überaus **schwierig**.[256] Die **Umstrukturierungen** sind tief greifend und **erfordern** eine **Auseinandersetzung** mit **Szenarien** der **zukünftigen Arbeits-welt**, um sich auf die anstehenden Veränderungen **vorzubereiten**.[257] In diesem **Kontext** sollten vor allem auch die **fundamentalen Megatrends**[258] hinsichtlich

---

[253] Vgl. Kay, R./Suprinoviĉ, O./Werner, A. (2010), S. 1ff; sowie Buttenberg, K. (2013), S. 7 & S. 10; Jasper, G./Horn, J. (2009), S. 6; sowie Alfes, Kerstin (2009), S. 1.

[254] Externe Änderungstreiber wirken von außen auf die jeweiligen Unternehmen ein und können dabei technologie-, umwelt-, ressourcen- oder marktverändernd wirken. (Vgl. Garrel, J. et al. (2014), S. 87.)

[255] Interne Änderungstreiber finden ihren Ursprung im Unternehmen selbst. Hier beschäftigt man sich mit Zielen, Strategien und Leistungsdefiziten von Unternehmen. (Vgl. Garrel, J. et al. (2014), S. 86.)

[256] Vgl. Alfes, K. (2009), S. 1.

[257] Vgl. Stock-Homburg, R. (2013), S. 605.

[258] Megatrends können, als tief greifende und sich langsam entwickelnde Veränderungsbewe-gung definiert werden. Die einzelnen Triebkräfte bzw. Trends transformieren gesellschaftli-che, soziale und ökonomische Systeme langfristig und beeinflussen sich gegenseitig, wodurch einzelne Effekte, verstärkt oder abgeschwächt werden können. Vgl. Horx, M. (2014), S. 8f.; sowie Rump, J. et al. (2011), S. 9; sowie Naisbitt, J. (1982).

ihren **Einflusses** und **Auswirkungen** auf die mittelständische **Personalpolitik**, berücksichtigt und analysiert werden.[259] Hier ist insbesondere der **demografische Wandel** und der damit verbundene Einfluss auf die **Altersstruktur** der **Erwerbstätigenquote** sowie den quantitativ und qualitativ verfügbaren Human Ressourcen am Arbeitsmarkt zu erwähnen.[260] Da mittelständische Unternehmen einerseits den bevorstehenden Fachkräftemangel als große Gefahr für die Entwicklung des Unternehmens einschätzen,[261] andererseits externen **Bewerbern** häufig **Zusatzqualifikationen** fehlen, können sie die **betriebliche Ausbildung** als zentrales Instrument zur **Fachkräftesicherung** einsetzen.[262] Jedoch sind auch hierbei die **Einflussfaktoren**, die auf die Entscheidung und Gestaltung der **betrieblichen Ausbildung** einwirken zu berücksichtigen. *Abbildung 15* gibt einen **Überblick über Einflussfaktoren** der Ausbildungsentscheidung aus Unternehmenssicht. Ergänzend dazu, zeigt die Abbildung die **thematischen Schwerpunkte**, die in der vorliegenden Studie abgehandelt werden mit entsprechenden Hinweisen zu den jeweiligen Kapiteln. Deshalb stellt die Abbildung auch gleichzeitig einen **Leitfaden** dar, weil sie den **Aufbau** der Studie und die **Vorgehensweise** widerspiegelt.

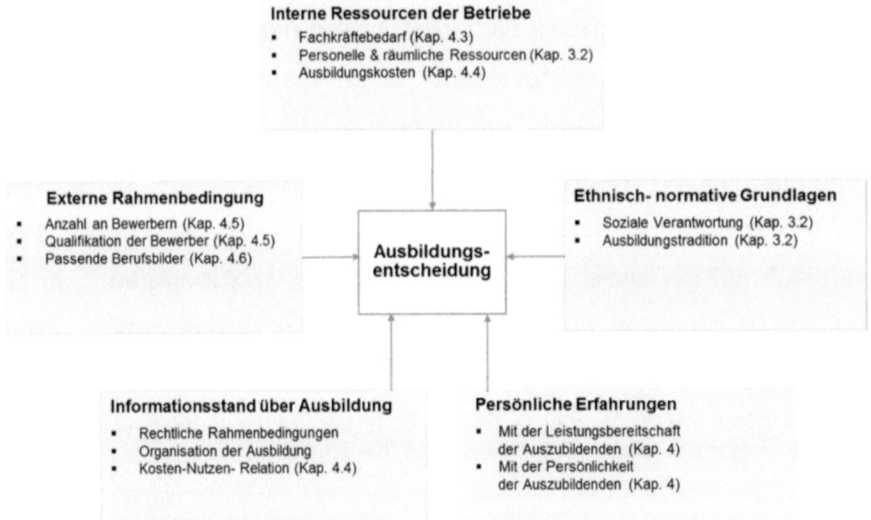

Abbildung 15: Einflussfaktoren auf die betriebliche Ausbildungsentscheidung und deren Gestaltungsmöglichkeiten (Quelle: Christophori, B. (2016), S. 58).

---

[259] Vgl. Stock-Homburg, R. (2013), S. 605.

[260] Meyer, J. A. (2012), S. 3.

[261] Vgl. Ernst & Young (2016): Mittelstandsbarometer 2016, S. 11.

[262] Vgl. KfW Research (31. August 2015), S. 1.

4.3 Externe und interne Trends der Personalbeschaffung aus dem Blickwinkel mittelständischer Unternehmen

Die **Zukunftsfähigkeit** von Unternehmen wird in der heutigen **Dienstleistungs- und Wissensökonomie** im Wesentlichen von motivierten, leistungsfähigen und innovativen sowie kreativen Arbeitskräften abhängig sein.[263] Dies wiederum setzt eine **Professionalisierung der Personalbeschaffung** in mittelständischen Unternehmen voraus, damit die besten und geeignetsten Bewerber gefunden und idealerweise langfristig an das Unternehmen gebunden werden können. Daraus ergibt sich zunächst die Entscheidende Frage: in welchen Bereichen mittelständische Unternehmen selbst, **aktuellen** und **zukünftigen Handlungsbedarf** bezgl. der Gestaltung der Personalbeschaffung sehen und wie sie die aktuellen **internen** und **externen Herausforderungen der Personalbeschaffung** einschätzen. Zudem ist es interessant zu erfahren welche möglichen Maßnahmen mittelständische Unternehmen als geeignet ansehen, um die Herausforderungen der Personalbeschaffung zu bewältigen.

Zur Beantwortung der **Fragestellung** soll im Folgenden u. a. die aktuellsten Studienergebnisse, der Studie *„Recruiting Trends im Mittelstand 2015" vom Centre of Human Resources Information Systems (CHRIS) der Otto-Friedrich-Universität Bamberg, die in Zusammenarbeit mit Monster Worldwide Deutschland GmbH im Jahr 2015 durchgeführt wurde*, vorgestellt und reflektiert werden.[264]

Aus Sicht der 72 Studienteilnehmer aus dem „Mittelstand" liegen die drei bedeutsamsten **externen Trends** der Personalbeschaffung (siehe dazu auch *Abbildung 16*):

1. im demografischen Wandel,

2. im Fachkräftemangel („War for Talent") und

---

[263] Vgl. European Network for Workplace Health Promotion (ENWHP) (Stand: 15.08.2007), S. 2.

[264] Im Sommer 2014 wurde ein vierseitiger Fragebogen, selbst durch die Autoren der Studie entwickelt. Nach telefonischer Kontaktaufnahme, der 1.000 ausgewählten mittelständischer Unternehmen, wurde ihnen der Fragebogen per E-Mail an die jeweilige Kontaktperson versandt. Aus der Grundgesamtheit 1.000 mittelständischer Unternehmen, haben sich 72 an der schriftlichen Befragung beteiligt. Dies entspricht einer Rücklaufquote von 7,2 Prozent. Vgl. Weitzel, T. et al. (2015), S. 57. Die Details zur Verteilung der Stichprobe, der 72 Studienteilnehmer können bei Weitzel, T. et al. (2015), S. 58f. Entnommen werden.

3. den gesetzlichen Rahmenbedingungen (z. B. Allgemeines Gleichbe-
handlungsgesetz, Anerkennung von Ausbildungsleistungen).[265]

Gleichzeitig stellt der Fachkräftemangel aus ihrer Sicht, auch das größte Risiko-
potenzial bezüglich der wirtschaftlichen Entwicklung des Unternehmens dar.[266]

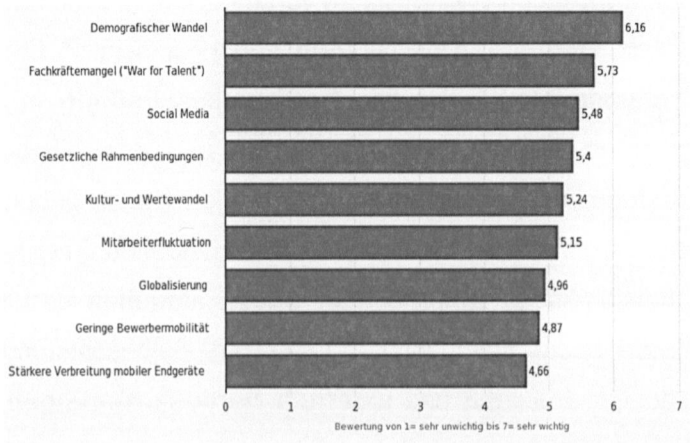

Abbildung 16: Die Bedeutung externer und nicht beeinflussbarer Trends für die Personalbeschaffung (Quelle: Weitzel, T. et al. (2015), S. 19, Bild: Statista (2016a):

http://de.statista.com/graphic/1/223900/bedeutung-externer-trends-fuer-die-

personalrekrutierung-von-unternehmen.jpg)

Die befragten mittelständischen Unternehmen identifizierten folgende drei
interne Herausforderungen mit dem größten **Einfluss** auf die **Personalbeschaffung**:

1. Retention-Maßnahmen entwickeln: Mitarbeiterbindung

2. Employer-Branding: Aufbau einer starken Arbeitgebermarke

3. Alignment: Abstimmung zwischen Personalmarketing und Fachabteilun-
gen.[267]

Für das Jahresende 2015 erwarten **43 Prozent** der „Mittelständler einen
Beschäftigungszuwachs, hingegen prognostizieren lediglich 4,5 Prozent, dass
sie keine freien Stellen zu besetzten haben.[268] Zugleich **befürchten 38,1**

---

[265] Vgl. Weitzel, T. et al. (2015), S. 19.

[266] Vgl. Ernst & Young (2016): Umfrageergebnisse des Mittelstandsbarometers, S. 11.

[267] Vgl. Weitzel, T. et al. (2015), S. 19ff.

[268] Vgl. Weitzel, T. et al. (2015), S. 22f.

Prozent der Mittelständler, dass ihre angekündigten **Vakanzen** für das Jahr 2015 **schwer** und 6,3 Prozent, angesichts eines Mangels an passendenden Bewerbern, nicht **besetzbar** sein werden.[269]

Laut Studienergebnisse der Commerzbank Studie „Unternehmen Zukunft: Transformation trifft Tradition,"[270] haben mittelständische Unternehmen hohen Bedarf an qualifiziertem Personal und suchen, vor allem Bewerber für die duale Berufsausbildung sowie qualifizierte Arbeitskräfte mit Berufserfahrung (siehe dazu auch *Abbildung 17*).[271]

Berufseinsteiger	Mittelstand (gesamt)
Auszubildende	49
Fachkräfte mit gerade abgeschlossener Berufsausbildung	51
Hochschulabsolventen	30
Professionals	
Qualifizierte Arbeitskräfte mit mehrjähriger Berufserfahrung	68
Führungskräfte	24
Fach- und Führungskräfte für digitale Technologien	17

Abbildung 17: In welchen Personengruppen haben Unternehmen aktuellen Personalbedarf (Quelle: Commerzbank AG (Mai 2016), S. 14. (Mehrfachnennung, Gesamtstichproben n = 4.000 Unternehmen, Angaben in %)

Dabei eignen sich aus Sicht der Studienteilnehmer (82,2 Prozent), vor allem die betriebliche **Ausbildung,** als **Maßnahmen** gegen die Stellenbesetzungsprobleme. Dadurch sollen aktuell schwer oder gar nicht besetzbare Stellen, mittelfristig wieder besetzbar sein. Auf **Platz zwei** und drei folgt der Einsatz von **flexiblen Arbeitszeitmodellen** (75,4 Prozent) und **Umschulungsmaßnahmen** (58,5 Prozent).[272] *Abbildung 18* zeigt abschließend alle Maßnahmen gegen **Stellenbesetzungsprobleme**, die in den befragten Unternehmen eingesetzt werden.

---

[269] Vgl. Weitzel, T. et al. (2015), S. 24f.

[270] „Im Rahmen der Untersuchung wurden Führungskräfte der obersten Ebene von 4.000 Unternehmen mit einem Jahresumsatz von mindestens 2,5 Mio. Euro befragt. Die Größenverteilung erfolgte repräsentativ nach Umsatzsteuerstatistik Verfahren." Die Befragung fand von November 2015 bis Januar 2016 statt und wurde mittels Telefoninterviews durch TNS Infratest Verfahren durchgeführt. Commerzbank AG (Mai 2016), S. 24.

[271] Vgl. Commerzbank AG (Mai 2016), S. 14.

[272] Vgl. Weitzel, T. et al. (2015), S. 24.

Abbildung 18: Maßnahmen gegen Stellenbesetzungsprobleme (Quelle: Weitzel, T. et al. (2015), S. 25).

4.4 Betrachtung der Kosten-Nutzen-Relation der betrieblichen Ausbildung

Die **betriebliche Ausbildung**, trägt in Deutschland einen erheblichen Anteil zur Bereitstellung von **Fachkräften**.[273] Auch mittelständische Unternehmen schätzten die **betriebliche Berufsausbildung** als eine **wettbewerbsfähige** Maßnahme ein um Probleme, die aus dem demografischen Wandel resultieren sowie Stellenbesetzungsprobleme von Fachkräften zu bewältigen (siehe Kap. 4.3).[274] Diese Annahme soll nachfolgend, durch die Reflexion der **Kosten-Nutzen-Relation** der betrieblichen Ausbildung aus Unternehmenssicht überprüft werden.

Das **deutsche Berufsbildungssystem** gilt international, als **vorbildlich** und trägt deutlich zur Sicherung der **Wettbewerbsfähigkeit** bei. Nicht zuletzt durch den **positiven Einfluss** auf die deutsche **Jugendarbeitslosigkeitsquote**, die im Vergleich zu anderen Ländern relativ niedrig ist[275] (siehe dazu *Abbildung 19*).

---

[273] Vgl. BMBF (2015), S. 5 sowie Anger, C. et al. (2015), S. 67.

[274] Vgl. Pahnke, A./Icks, I./Kay, R. (2013), S. 34.

[275] Vgl. Statista (2016),
http://de.statista.com/statistik/daten/studie/74795/umfrage/jugendarbeitslosigkeit-in-europa/
(auch die aktuellsten Zahlen (von Mai 2016) zeigen, dass Deutschland mit 7,2 Prozent dicht
gefolgt von Malta mit 6,9 Prozent, die niedrigste Jugendarbeitslosenquote aufzeigt. Dabei drückt

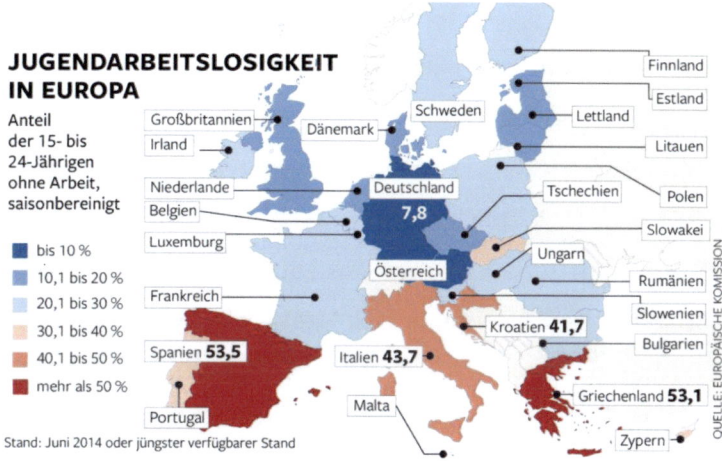

Abbildung 19: Jugendarbeitslosigkeitsquote in Europa (Quelle: Europäische Kommission, Stand Juni 2014). [276]

Jedoch stellt sich auch die Frage, *welche* **betriebliche Kosten-Nutzen-Relation** *die betriebliche Ausbildung aus Unternehmenssicht darstellt.* Aus **betriebswirtschaftlicher Sicht**, lohnt sich eine **Investition** in das Personal nur dann, wenn diejenigen Unternehmen dadurch einen **Ertrag** erzielen können.[277] Folglich investieren Unternehmen nur in die **betriebliche Berufsausbildung**, wenn die Erträge die Aufwendungen übersteigen oder zumindest die Differenz zwischen Aufwendung und Erträgen gegen Null läuft.[278]

Die vorliegende Studie fokussiert sich auf den **investitionstheoretischen Ansatz**. Da bei diesem Ansatz, die Zeit nach Beendigung der Berufsausbildung auch berücksichtigt wird. Das heißt es werden nicht nur die **Nettokosten** während der Berufsausbildung bewertet, sondern auch zukünftige Erträge, die nach Abschluss der B**erufsausbildung** zu erwarten sind. Dieser Ansatz bietet für Unternehmen den großen Vorteil, ihren **zukünftigen Bedarf** an Fachkräften durch die Entscheidung für die betriebliche Ausbildung zu decken.[279] Außerdem können dadurch im Unternehmen **altersgemischter Teams** gebildet werden,

---

die Jugendarbeitslosenquote, die Zahl der arbeitslosen 15-24-Jährigen als Anteil der Erwerbspersonen der gleichen Altersklasse aus, also nicht den Anteil an der Gesamtbevölkerung.

[276] Quelle des Bildes: Statista (2016b):
http://img.welt.de/img/wirtschaft/crop131615243/4536935822-ci3x2l-w900/DWO-Wi-Jugendarbeitslosigkeit-bn-Teaser.jpg.

[277] Vgl. Becker, M. (2010), S. 185; sowie Christophori, B. (2016), S. 82.

[278] Vgl. Niederalt, M. (2005), S. 5f.

[279] Vgl. Niederalt, M. (2005), S. 4.

wodurch ebenfalls für die Unternehmen, erhebliche **Wettbewerbsvorteile** gesichert werden können. **Vorteile** altersgemischter Teams liegen **einerseits** darin, dass die älteren und erfahreneren Mitarbeiter für Kontinuität und Ordnung sorgen und ihr Wissen- und Erfahrungsschatz an die jüngere Generation weitergeben können. Dadurch bleibt das Wissen, auch nach der **Pensionierung** im Unternehmen erhalten. Andererseits bringen die **Nachwuchskräfte** neues Wissen mit, insbesondere im Umgang mit den neuen Technologien, hinzukommend das sie eher geneigt sind, sich mit neuen Ideen ins Unternehmen einzubringen, weil sie u. a. eine Karriere anstreben, fördern sie dadurch die **Innovationsfähigkeit** der Unternehmen.[280]

Zunächst ist jedoch festzustellen, dass die **betriebliche Ausbildung** für die Mehrheit der Betriebe mit **Kosten** verbunden ist.[281] Die **Bruttokosten** beinhalten alle **Sach-und Personalkosten**, die ein Betrieb für die Ausbildung aufwendet. Dabei wird nach **vier Kostenarten** unterschieden: den Personalkosten der Auszubildenden, den Personalkosten des Ausbildungspersonals, den Anlage- und Sachkosten sowie den sonstigen Kosten (siehe dazu auch *Abbildung 20*).[282]

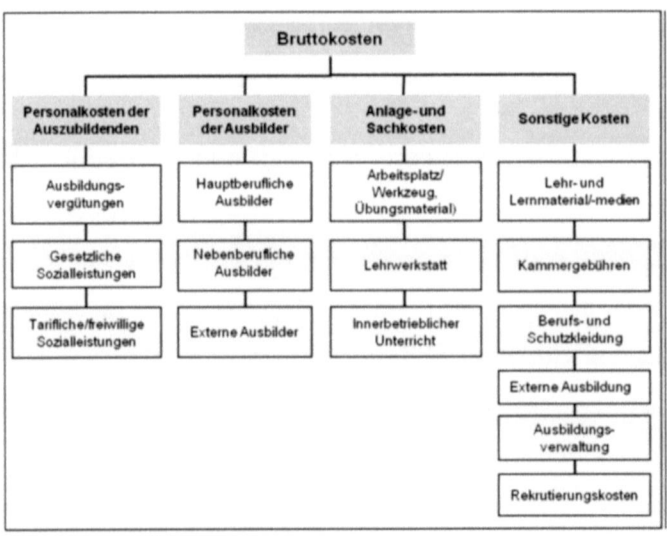

Abbildung 20: Bruttokosten der betrieblichen Berufsausbildung (Quelle: Schönfeld et al. (2010), S. 34).

---

[280] Vgl. Gans, P. (2011), S. 126f.

[281] Vgl. BIBB Report (2015a), S. 3.

[282] Details zu den vier verschiedenen Kostenarten können dem BIBB Datenreport zum Berufsbildungsbericht (2015b), S. 280 entnommen werden sowie dem BIBB Report (2015a), S. 3ff.

Abbildung 21 zeigt die **Ergebnisse**, der Kosten der betrieblichen Ausbildung **aus Unternehmenssicht** für das Ausbildungsjahr 2012/2013, die pro Auszubildender/Auszubildende angefallen sind. Nachfolgend werden die Ergebnisse im Einzelnen näher erläutert.

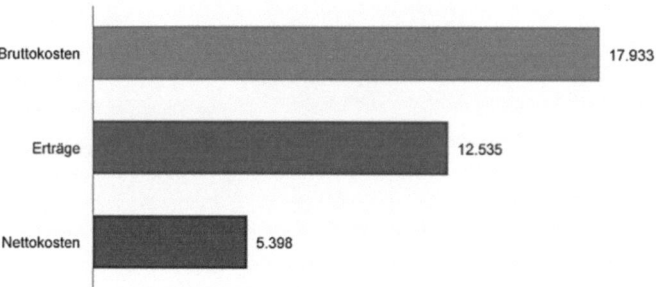

Bruttokosten	17.933
Erträge	12.535
Nettokosten	5.398

Abbildung 21: Kosten der betrieblichen Ausbildung aus Unternehmenssicht für das Ausbildungsjahr 2012/2013 (Quelle: http://www.kofa.de).[283]

Von den insgesamt angefallenen Bruttokosten i. H. v. 17.933 EUR (pro Auszubildenden/und Jahr), entfällt der Großteil mit 62 Prozent und i. H. v. 11.018 EUR auf die **Personalkosten der Auszubildenden**. Für die **Personalkosten des Ausbildungspersonals** wurden 4.125 EUR, also 23 Prozent aufgewendet, der geringste Teil mit 5 Prozent und einer Höhe von 925 EUR, entfiel auf die **Anlagen und Sachkosten**. Alle **sonstigen Kosten** fielen mit 10 Prozent und einer Höhe von 1.866 EUR ins Gewicht.[284] Das **Kreisdiagramm** in *Abbildung 22*, zeigt nochmals die prozentuale **Verteilung der Bruttokosten** für das Ausbildungsjahr 2012/2013 pro Auszubildendem und Jahr **nach Kostenarten**.

---

[283] Die letzte Erhebung erfolgte im Ausbildungsjahr 2012/2013, durch das BIBB. Die Kostenwerte wurden jeweils für einen Auszubildenden/einer Auszubildende für das Ausbildungsjahr 2012/2013 berechnet. Insgesamt wurden in die Berechnung 11.206 Auszubildende aus 3.032 Ausbildungsbetrieben einbezogen. (Vgl. BIBB Datenreport zum Berufsbildungsbericht (2015b), S. 279ff.).

[284] Vgl. BIBB Datenreport zum Berufsbildungsbericht (2015b), S. 280.; sowie http://www.kofa.de/daten-fakten/fachkraeftesituation/fachkraeftesituation-im-mittelstand.

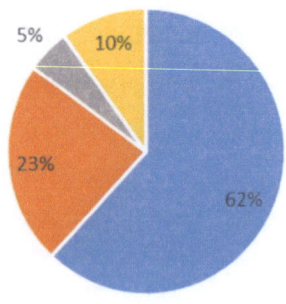

5% 10%

23%

62%

■ Personalkosten der Auszubildenden ■ Personalkosten der AusbilderIn

■ Anlage- und Sachkosten ■ sonstige Kosten

Abbildung 22: Verteilung der Bruttokosten für das Ausbildungsjahr 2012/2013 pro Auszubildendem und Jahr nach Kostenarten (Quelle: eigene Darstellung).

Die Auszubildenden verursachen jedoch nicht nur Kosten, sondern erzielen für die Betriebe, durch die Erstellung von **Produkten und Dienstleistungen** einen monetär bewertbaren **Ertrag**. Für das Ausbildungsjahr 2012/2013 erzielten die Auszubildenden durch ihre **produktiven Leistungen** einen Ertrag von insgesamt 12.535 EUR.[285]

Die **Hälfte** der Erträge (6.210 EUR) wird durch **einfache Tätigkeiten** am Arbeitsplatz erzielt und 47 Prozent (5.875 EUR) durch **Fachkräftetätigkeiten**. Der geringste Anteil mit 2 Prozent (209 EUR) wird durch **Tätigkeit in einer Lehrwerkstatt** erzielt. Ein Fünftel aller Auszubildenden werden dort auch ausgebildet. Zuschüsse aus **Förderprogrammen** von Bund, Ländern, dem Europäischen Sozialfonds, der Bundesagentur für Arbeit oder Berufs- und Branchenverbänden, erhalten 12 Prozent der Ausbildungsbetriebe. Hierdurch ergeben sich je Auszubildenden/Auszubildende **durchschnittliche Einnahmen** i. H. v. 241 EUR.[286]

Dadurch, dass die Auszubildenden mit ihrem produktiven Beitrag die **Betriebskosten senken**, können von den ermittelten Bruttokosten die **Ausbildungserträge** abgezogen werden. Im Ergebnis erhält man dadurch die **Nettokosten** der

---

[285] Vgl. BIBB Datenreport zum Berufsbildungsbericht (2015b), S. 280.

[286] Vgl. BIBB Datenreport zum Berufsbildungsbericht (2015b), S. 281f.

Ausbildung. Die Nettokosten stellen die tatsächliche **Investition** der Betriebe in die Ausbildung dar. Für das **Ausbildungsjahr 2012/2013** betrugen die **Netto-kosten** der Ausbildung 5.398 EUR pro Auszubildenden (siehe dazu auch *Tabelle 8*).[287]

KOSTENARTEN	in EUR
Bruttokosten	17.933
Davon	
Personalkosten der Auszubildenden	11.018
Personalkosten des Ausbildungspersonals	4.125
Anlage- und Sachkosten	925
Sonstige Kosten	1.866
./.	
Nettokosten	**5.398**

Tabelle 8: Bruttokosten, Erträge und Nettokosten pro Auszubildendem und Jahr für das Ausbildungsjahr 2012/2013 (Quelle: eigene Darstellung, Datenquelle: BIBB Datenreport zum Berufsbildungsbericht (2015b), S. 280).

Erstaunlicherweise, erzielen bereits 30 Prozent der Auszubildenden, während ihrer Ausbildung für ihre Betriebe **Nettoerträge**. Das bedeutet, dass die Erträge aus den **produktiven Leistungen**, die Bruttokosten des Auszubildenden **übersteigen**. Andererseits entstehen den Betrieben, bei 25 Prozent der Auszubildenden Kosten von mehr als 10.000 EUR.

Nach erfolgreicher Beendigung der **Berufsausbildung**, entsteht für die Betriebe ein erheblicher **Nutzenvorteil**.[288] Insgesamt kompensieren die **Personalrek-rutierungskosten** einen Großteil der gesamten Ausbildungskosten.[289] Da die **Ausbildungsbetriebe** (laut BiBB-Kosten-Nutzen-Erhebung), im Durchschnitt insgesamt 9.382 EUR für die **Personalbeschaffung** einer neuen Fachkraft aufwenden müssten.[290] Bei **Fehlbesetzung** durch Arbeitskräfte des **externen Arbeitsmarktes** oder aufgrund unbesetzter Fachkräftestellen, **übersteigen** die Kosten der Personalrekrutierung bzw. Ausfallkosten, sogar die **Investitions-kosten** der betrieblichen Ausbildung.[291] *Abbildung 23* repräsentiert die durch-

---

[287] Vgl. BIBB Datenreport zum Berufsbildungsbericht (2015b), S. 281f.

[288] Vgl. BIBB Datenreport zum Berufsbildungsbericht (2015b), S. 286f.

[289] Vgl. BiBB Report (2015a), S. 12ff.

[290] Vgl. BIBB Datenreport zum Berufsbildungsbericht (2015b), S. 286.

[291] Vgl. BIBB Datenreport zum Berufsbildungsbericht (2015b), S. 279.

schnittliche **Übernahmequote** von erfolgreichen Ausbildungsabsolventen für die Jahre 2011 bis 2013.

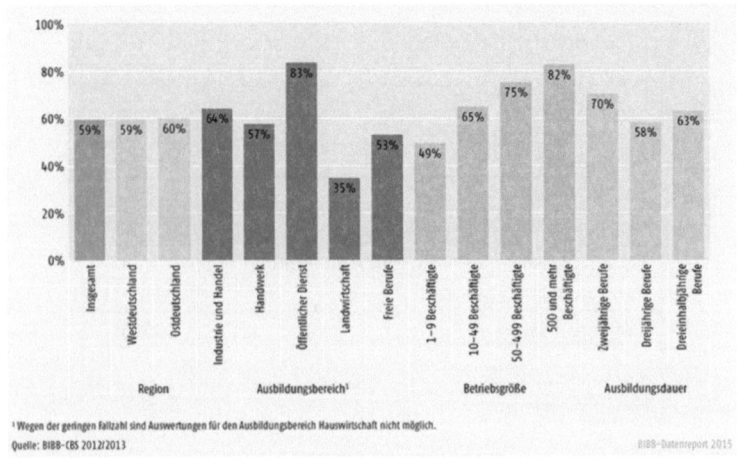

Abbildung 23: Durchschnittliche Übernahmequote je Betrieb (2011 bis 2013, in % aller erfolgreichen Auszubildenden, Quelle: BIBB Datenreport zum Berufsbildungsbericht (2015b), S. 289).

Ein weiterer Vorteil der **betrieblichen Ausbildung** ist, dass Unternehmen dadurch ihren **Eigenbedarf** an Fachkräften ganz oder teilweise decken können und dadurch einerseits ihre **Abhängigkeit** vom externen Arbeitsmarkt **reduzieren**, andererseits die **Verfügbarkeit** von qualifizierten Arbeitskräften am **externen Arbeitsmarkt** positiv beeinflussen.[292]

Mit **83 Prozent** nennt die Mehrheit aller Ausbildungsbetriebe, als **wichtigsten Grund** für die Entscheidung der betrieblichen Ausbildung, den zukünftigen und langfristigen **Einsatz** der Ausbildungsabsolventen, als **Fachkraft** im eigenen Betrieb. Für diese Betriebe stellt die Ausbildung eine **Investition** in die Zukunft dar.[293] Zudem sichern sich die Ausbildungsbetriebe einen erheblichen **Wettbewerbsvorteil** gegenüber ihren Konkurrenten. Denn die **Alterung** und **Schrumpfung** der **Erwerbsbevölkerung** wird sich in Deutschland zukünftig weiterhin fortsetzten.[294]

Insbesondere ist hervorzuheben, dass immerhin 63 Prozent der Betriebe die Ausbildung als eine **Gemeinschaftsaufgabe der Wirtschaft** betrachtet. Diese

---

[292] Vgl. BiBB Report (2015a), S. 12ff.

[293] Vgl. BIBB Datenreport zum Berufsbildungsbericht (2015b), S. 290.

[294] Vgl. Buck, H./Weidenhöfer, J. (2006), S. 103ff.

Betriebe nehmen die Ausbildung überwiegend als **gesellschaftspolitische Verantwortung** wahr und beziehen **weniger** die betriebliche **Kosten- und Nutzenüberlegungen** in die Ausbildungsentscheidung mit ein.[295] In *Abbildung 24* sind die Gründe für die betriebliche Ausbildung aus Unternehmenssicht nochmals im Einzelnen dargestellt.

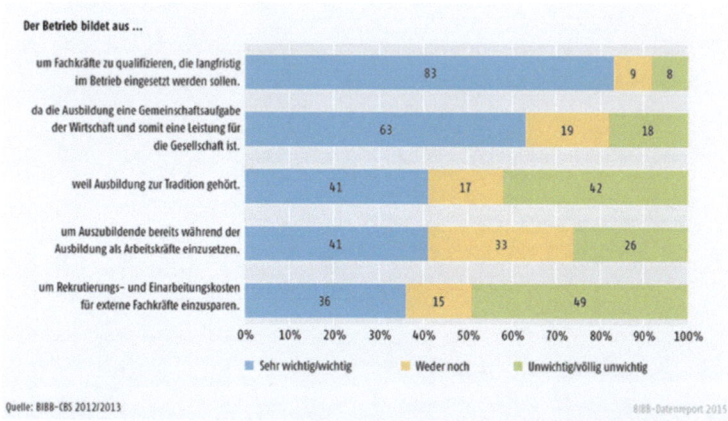

Abbildung 24: Gründe für die betriebliche Ausbildung aus Unternehmenssicht (Angaben in %) (Quelle: BIBB Datenreport zum Berufsbildungsbericht (2015b), S. 289).

Im Gesamtergebnis überwiegen und überzeugen die **Vorteile** der betrieblichen Ausbildung.[296] Dies spiegelt sich auch in den **Umfrageergebnissen** der Ausbildungsbetriebe wieder. So sind 59 Prozent der **Ausbildungsbetriebe** grundsätzlich mit dem Kosten-Nutzen-Verhältnis **zufrieden** oder sehr zufrieden, lediglich 11 Prozent sind unzufrieden oder völlig unzufrieden.[297] Ein **Risiko** bleibt für die Betriebe jedoch bestehen. Die Kosten der **Berufsausbildung** fallen mit großer Sicherheit im Betrieb an, die Höhe und Sicherheit der Nettoerträge lassen sich jedoch mit geringer Wahrscheinlichkeit vorhersagen, da der **Ausbildungserfolg** auch von den Fähigkeiten und der Motivation des Auszubildenden abhängig ist.[298] Bei der **Kosten und Nutzen** Überlegung der betrieblichen Ausbildung, sollten vor allem auch **qualitative Faktoren** berücksichtigt

---

[295] Vgl. BIBB Datenreport zum Berufsbildungsbericht (2015b), S. 289f.

[296] Vgl. Christophori, B. (2016), S. 89.

[297] Vgl. BiBB Report (2015a), S. 12ff; sowie BIBB Datenreport zum Berufsbildungsbericht (2015b), S. 290.

[298] Vgl. Christophori, B. (2016), S. 89.

werden.[299] Abschließend visualisiert *Abbildung 25* eine **Zusammenfassung der Nutzenvorteile** der betrieblichen Ausbildung aus Unternehmenssicht.

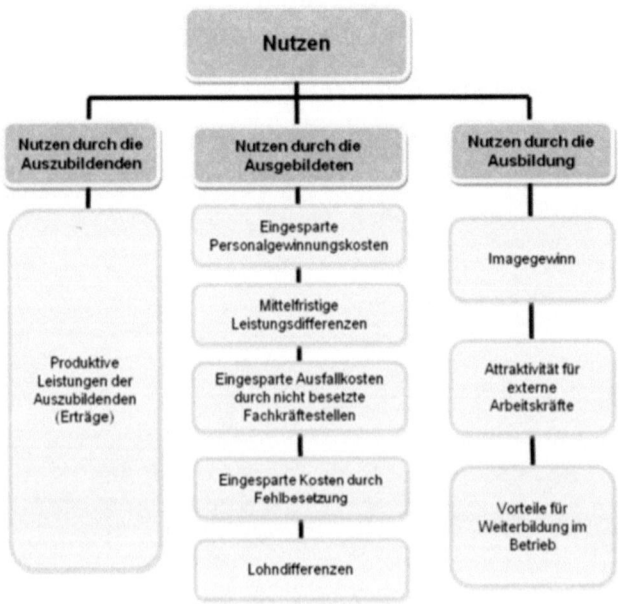

Abbildung 25: Nutzen der Berufsausbildung (Quelle: Schönfeld et al. 2010, S. 39).

4.5 Auswirkungen und Herausforderungen der zentralen Megatrends mit Blick auf die Rekrutierung Auszubildender

4.5.1 Auszubildende als knappe Ressource auf dem Arbeitsmarkt

Grundsätzlich spiegelt die **demografische Grundgleichung** (siehe dazu *Abbildung 26*), die Richtung und Größenordnung einer Nation bzw. Gebiets innerhalb eines definierten Zeitraumes wieder. Bei der **Berechnung** wird nicht nur die natürliche und räumliche **Bevölkerungsbewegung** berücksichtigt, sondern auch die dadurch entstehenden Auswirkungen auf die Entwicklung der **Einwohnerzahl**.[300] Dabei kann der **Bevölkerungsstand** eines Gebiets, also die dort lebenden Einwohner zu einem Stichtag durch **Voll- bzw. Stichprobenerhebungen** ermittelt bzw. geschätzt werden. Der Begriff „**Bevölkerung**" kann

---

[299] Vgl. Christophori, B. (2016), S. 82.

[300] Vgl. Gans, P. (2011), S. 12f.

sich auf die gesamte Bevölkerung oder auf **selektierte Teilgruppen** beziehen, wie beispielsweise die Bevölkerung im schulpflichtigen Alter.[301]

$$P_{t2} = P_{t1} + (G - S) + (Z - A) \text{ mit}$$

P_{t1} : Bevölkerung

P_{t2} : Bevölkerung zum Zeitpunkt t2;

G, S: Geburten bzw. Sterbefälle im Zeitraum t1, t2;

Z, A: Zu- bzw. Abwanderung im Zeitraum t1, t2;

Abbildung 26: Demografische Grundgleichung (Quelle: eigene Darstellung in Anlehnung an Gans, P. (2011), S. 13)

In **Deutschland** hat sich die **Bevölkerungsstruktur und Bevölkerungszahl** bereits verändert (siehe dazu *Tabelle 9*). Dieser Veränderungsprozess wird unter dem Begriff **„demografischer Wandel"** zusammengefasst und macht sich in Deutschland, insbesondere durch eine **Überalterung** der Bevölkerung, einen steigenden Anteil **kleiner Haushaltsgrößen** und eine zunehmende Zahl von Personen mit **Migrationshintergrund** erkenntlich.[302] Da der demografische Wandel auch zukünftig nicht aufzuhalten ist, hat dies unmittelbare **Auswirkungen** auf die **Personal-** und **Nachwuchssicherung** und stellt sie vor neuen Herausforderungen, die es zuvor in dieser Form noch nicht gegeben hat.

Eine Vielzahl an **Studien** und **Szenarioanalysen** beschäftigen sich mit den Auswirkungen des demografischen Wandels u. a. auch für Deutschland. In ihrer Gesamtheit ist die **Kernaussage:**[303] die deutsche Bevölkerung **schrumpft** gleichzeitig wird sie **älter** und aufgrund des zunehmenden Anteils von Bürgern mit Migrationshintergrund, auch **vielfältiger**.[304] Diese drei grundlegenden **Komponenten** nehmen unmittelbaren Einfluss auf das **Arbeitskräftepotenzial**.

---

[301] Vgl. Gans, P. (2011), S. 11.

[302] Vgl. Gans, P. (2011), S. 106.

[303] Vgl. Westedt, V. (2010), S. 222.

[304] Die Gründe liegen in einer sinkenden bzw. konstant niedrigen Geburtenrate, die unterhalb der Sterberate liegt. Zudem haben Fortschritte und Verbesserungen beispielsweise in der Medizin und in der Hygiene dazu beigetragen, dass sie Lebenserwartung der deutschen Bevölkerung stetig steigt. Vgl. Institut für angewandte Arbeitswissenschaft e. V. (ifaa) (Hrsg.) (2015), S. 10; sowie Erlwein, M. (2014), S. 8.

Ausgehend von einem Wanderungssaldo von 200.000 Menschen, sollen im Jahr 2060 nur noch 36 Mio. Personen erwerbsfähig sein. Also 27 Prozent weniger, als heute.[305] Das **Durchschnittsalter** der deutschen Bevölkerung lag im Jahr 2000 noch bei 41,1 Jahren. Laut Prognosen soll es jedoch im Jahr 2030 bereits auf 46,8 Jahre **steigen**.[306]

Für Unternehmen stellt sich mit **Blick auf die Rekrutierung** von potenziellen Auszubildenden die **Frage,** welche Effekte sich daraus für die **Verfügbarkeit** und die **Zusammensetzung** des **Arbeitskräftepotenzials** am **Ausbildungs-markt** ergeben[307].

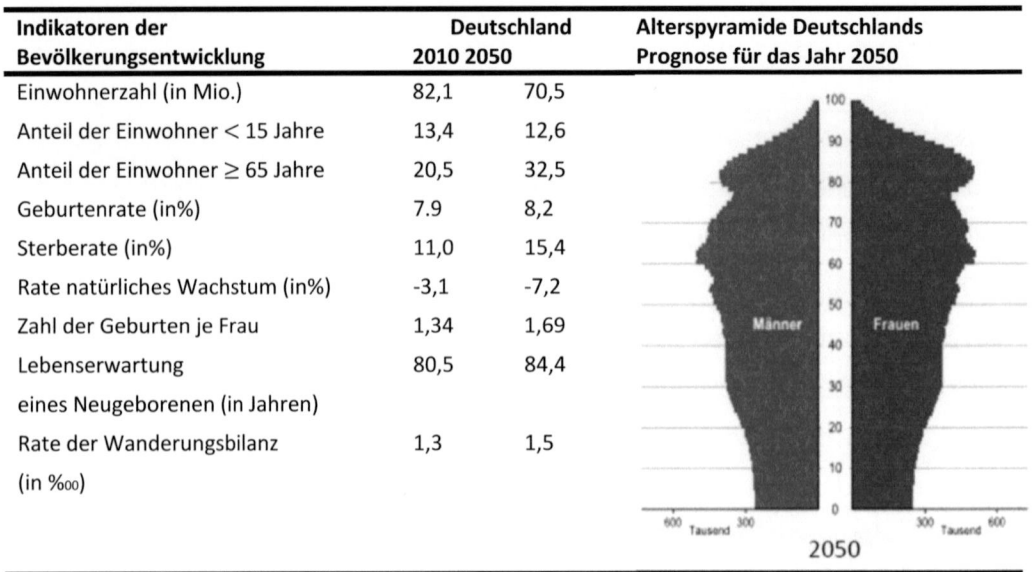

Indikatoren der Bevölkerungsentwicklung	Deutschland 2010	2050
Einwohnerzahl (in Mio.)	82,1	70,5
Anteil der Einwohner < 15 Jahre	13,4	12,6
Anteil der Einwohner ≥ 65 Jahre	20,5	32,5
Geburtenrate (in%)	7.9	8,2
Sterberate (in%)	11,0	15,4
Rate natürliches Wachstum (in%)	-3,1	-7,2
Zahl der Geburten je Frau	1,34	1,69
Lebenserwartung eines Neugeborenen (in Jahren)	80,5	84,4
Rate der Wanderungsbilanz (in ‰)	1,3	1,5

Tabelle 9: Indikatoren der Bevölkerungsentwicklung Deutschlands (Quelle: eigene Darstellung in Anlehnung an Gans, P. (2011), S. 14; Alterspyramide, Quelle: Statistisches Bundesamt Wiesbaden 2009, 12. Koordinierte Bevölkerungsvorausberechnung).

Im Jahr 2004 gab es noch fast 986.000 Schulabgänger, die Anzahl hat sich allerdings im Jahr 2014 stark auf nahezu 895.000 Schulabgänger reduziert.[308] Bis zum **Jahr 2035** ist mit einem **Rückgang** von einem Fünftel der Jugendlichen und jungen Erwachsenen **im Alter von 11 bis 25 Jahre** zu rechnen. Also diejenige

---

[305] Vgl. Gans, P. 82011), S. 126.

[306] Vgl. Adenauer, S. et al. (2005), S. 10.

[307] Vgl. Brussig, M. (2015), S. 299.

[308] Vgl. Bußmann, S. et al. (2015), S. 17.

Altersgruppe, die überwiegend die Lehrstellennachfrage bestimmt. Demzufolge soll sich die Anzahl der **ausbildungsberechtigten Jugendliche** bis zum Jahr 2035 um **20 Prozent** (das entspricht 1,5 Mio. Jugendlicher) verringern.[309]

Dabei ist die **Anzahl der Auszubildenden** nicht nur von der Anzahl der Schulabgänger abhängig, sondern auch von der Anzahl an **Ausbildungsinteressierten**, die die Aufnahme einer Berufsausbildung anstreben.[310] Der Trend geht eher dahin, dass sich die **Mehrheit** der ausbildungsberechtigten Jugendlichen gegen eine berufliche Ausbildung entscheiden. Stattdessen streben immer mehr Jugendliche einen höheren **Bildungsabschluss** an und entscheiden sich letztendlich für eine akademische Laufbahn oder für alternative Bildungswege.[311] Das veränderte **Bildungsverhalten** Jugendlicher, wird zwangsläufig dazu führen, dass der **Arbeitsmarkt** in Zukunft anders strukturiert sein wird. Dabei werden die stärksten Veränderungen im **mittleren Qualifikationsbereich** erwartet.[312] Hinzukommt dass die Anforderungen an Lehrstellenbewerber, durch die Qualifikatorischen Anforderungen einiger Ausbildungsberufe ebenfalls ansteigen werden.[313]

Insgesamt kann also festgestellt werden, dass eine Überalterung **der Bevölkerung** sowie eine erhöhte Studierneigung der jüngeren Generation, auch starke Auswirkungen auf die **Qualifikationsstruktur** der erwerbsfähigen Bevölkerung haben wird. Diesbezüglich geht man im **BiBB Datenreport** davon aus, dass bis zum **Jahr 2030**:[314]

- der Anteil der Personen (im Alter von 15 bis 65 Jahren), die über ein Fach- oder Hochschulstudiumsabschluss verfügen zunehmen wird,
- hingegen wird der Anteil von Personen (im Alter von 15 bis 65 Jahren), die über eine abgeschlossene Berufsausbildung verfügen abnehmen,
- der Anteil an Personen (im Alter von 15 bis 65 Jahren) mit einem Meister, Techniker oder Fachschulabschluss soll hingegen konstant bleiben.[315]

---

[309] Vgl. Pfeiffer, I./Kaiser, S. (2009), S. 7ff.

[310] Vgl. Linde, S.E. (2013), S. 40.

[311] Vgl. Pfeiffer, I./Kaiser, S. (2009), S. 8; sowie Linde, S.E. (2013), S. 41ff; sowie Schmitz, E. /Volkmer, A./Placke, B. (2014), S. 7; sowie Bußmann, S. et al. (2015), S. 15.

[312] Vgl. BIBB Datenreport zum Berufsbildungsbericht (2015b), S. 398f.

[313] Vgl. Cordes, A. (2016), S. 27.

[314] Vgl. BIBB Datenreport zum Berufsbildungsbericht (2015b), S. 398ff.

[315] Vgl. BIBB Datenreport zum Berufsbildungsbericht (2015b), S. 398ff.

Zukünftig ist einerseits mit einer **wachsenden Nachfrage** nach Lehrstellenbewerbern, andererseits mit einer **rückläufigen Zahl** junger Nachwuchskräfte zu rechnen.[316] Zurzeit liegt das **Nachfragepotenzial** im Bundesweitendurchschnitt noch deutlich über dem Angebotspotenzial, jedoch bewegen sich beide Größen mit der Zeit stärker aufeinander zu. Deshalb ist tendenziell, ein **Wandel** vom **Anbieter**- zu einem **Nachfragermarkt** zu erwarten.[317] Deshalb müssen insbesondere mittelständische Unternehmen **Maßnahmen** entwickeln, die dazu beitragen die Herausforderungen auf dem **Ausbildungsmarkt** zu bewältigen.

Herausforderungen und Handlungsfelder für die mittelständische Personalpolitik:

- Die Folgen des demografischen Wandels (z. B. sinkende Schulabgängerzahl), erhöhen den Druck auf Unternehmen das Arbeitskräftepotenzial effizienter auszuschöpfen.[318]

- Deshalb sollten Unternehmen ihre Personalpolitik nicht ausschließlich jungendzentrieren, sondern ihren Fokus auch auf andere Zielgruppen ausweiten (alleinerziehende Frauen, Ältere, Personen mit Migrationshintergrund).

- Damit neue Zielgruppen identifiziert werden können, kann eine Analyse des Ausbildungsmarktes, Aufschluss über nicht genutzte Arbeitskräftepotenziale geben.

- Zudem können dadurch Ursachen für aktuelle Rekrutierungsprobleme aufgedeckt und Lösungen entwickelt werden.[319]

- Doch nicht nur das Durchschnittsalter der Belegschaft, sondern auch die Altersstruktur innerhalb des Unternehmens, ist für die Entwicklung der Personalstrategie von großer Bedeutung.[320]

- Unternehmen sollten deshalb betriebsdemografische Analysen einsetzten, damit sie sehen wie sich der Alterungsprozess der internen Belegschaft vollzieht.[321]

---

[316] Vgl. Cordes, A. (2016), S. 27.

[317] Vgl. Linde, S.E. (2013), S. 41.

[318] Vgl. Brussig, M. (2015), S. 299.

[319] Vgl. Erlwein, M. et al. (2014), S. 26.

[320] Vgl. Brussig, M. (2015), S. 308f.

4.5.2 Die neuen Informations- und Kommunikationstechnologien verändern die personalwirtschaftlichen Strukturen und Prozesse

Neue und rasante **Entwicklungen** in den Bereichen der **Informations- und Kommunikationstechnologien** üben einen hohen **Veränderungsdruck** auf die personalwirtschaftlichen Strukturen und Prozesse aus.[322] Der neue **Trend** der „Elektronisierung" des Personalmanagements, hat zu der Herausbildung des Begriffs „**Electronic Human Resource Management** (E-HRM) geführt. Jedoch liegt derzeit noch keine einheitliche **Definition** des Begriffs vor. *In der vorliegenden Studie versteht der Autor darunter, die Unterstützung aller Personalmanagementprozesse mittels Einsatz neuer Informations- und Kommunikationstechnologien, dabei ist der Begriff E-HRM dem Oberbegriff des Electronic Business zuzuordnen.*[323]

Der Einsatz neuer **Informations- und Kommunikationstechnologien**[324] bringt einerseits viele **Vorteile** für die Ausgestaltung der **mittelständischen Personalpolitik** mit sich, die auch im weiteren Verlauf dieses Kapitels zu zeigen sein werden, anderseits müssen die Verantwortlichen den Umgang mit den **Schlüsseltechnologien beherrschen** und wissen wie sich diese **effizient** im Unternehmen einsetzten lassen.[325]

Heute verfügt bereits die Mehrheit der **Erwerbstätigen Bevölkerung** über nahezu unbegrenzte **Zugangsmöglichkeiten** zu W-Lan und mobiles Breitband Internet.[326] Studienergebnisse zufolge, haben im Jahr 2015 99 Prozent der Jugendlichen im Alter von 15 bis 25 Jahre Zugang zum Internet. Im Durch-

---

[321] Vgl. Brussig, M. (2015), S. 308f.

[322] Vgl. Scholz, C. (2014), S. 11 und 13; sowie Hils, M./Bahner, J. (2005), S. 29.

[323] Vgl. Hils, M./Bahner, J. (2005), S. 29.

[324] Das Bundesministerium für wirtschaftliche Zusammenarbeit und Entwicklung (BMZ), fasst unter Informations- und Kommunikationstechnologien (IKT) „all diejenigen technischen Geräte und Einrichtungen zusammen, die Informationen aller Art digital umsetzten, verarbeiten, speichern und übertragen können. Dazu gehören Sprachtelefonie, Datenkommunikation und Computer, Radio, Fernsehen und ähnliche Technologien. Für die Kommunikation und den Datenaustausch können dabei Kupferdrähte, Glasfaser und eine Reihe drahtloser Technologien eingesetzt werden." BMZ (2013), S. 6.

[325] Vgl. Scholz, C. (2014), S. 11 und 13.

[326] Vgl. Scholz, C. (2014), S. 12.

schnitt nutzen sie zwei bis drei Zugangskanäle, z. B. Smartphone oder Laptop/Notebook und sind im Durchschnittlich 18,4 Stunden wöchentlich online.[327]

Dies hat auch unmittelbare **Auswirkungen** auf das Personalmanagement, insbesondere den Bereich der **Personalbeschaffung**. Nachfolgend werden die **Chancen** der neuen Informations- und Kommunikationstechnologien für die mittelständische Personalpolitik näher erläutert[328]:

1. via Chat, Skype und Videokonferenzen, die **geringe Transaktionskosten** verursachen, sind dezentrale Organisationsstrukturen leichter herstellbar. Dies bringt unmittelbare **Vorteile** für die Personaleinsatzplanung und Personalführung mit sich.

2. Neue Möglichkeiten für das **Personalmarketing** und die Arbeitgeber Positionierung eröffnen sich durch neue Wege der **Informationsbeschaffung**, die u. a. durch das Internet leicht und schnell zur Verfügung gestellt werden können und damit für Dritte leicht und schnell zu beschaffen sind.[329]

3. Durch **soziale Netze** und andere Quellen (z. B. die Karrierenetzwerke Xing oder LinkedIn), wird es Unternehmen ermöglicht persönliche Daten durch automatisierte Auswertungssysteme (z. B. Data Mining[330]) zu analysieren. In Verbindung mit standardisierten Datenstrukturen ergeben sich dadurch neue Möglichkeiten für die Personalbeschaffung, Personalentwicklung und Personaleinsatzplanung.[331]

4. Durch **tracking** (engl. = folgen) können Unternehmen die Bewegung von Personen sowohl im Netz als auch in der **reellen Welt** im Detail nachverfolgen. Dadurch kann die **personalwirtschaftliche Marktforschung** ohne großen Aufwand profitieren und unterstützt werden.

---

[327] Shell- Jugendstudie (2015), S. 18.

[328] Folgende Erläuterungen basieren u. a. auf Scholz, C. (2014), S. 12.

[329] Vgl. Scholz, C. (2014), S. 12.

[330] „Data mining is a business process for exploring large amounts of data to discover meaningful patterns and rules" Linoff, G.S./Berry, M.J. (2011), S. 2.

[331] Vgl. Scholz, C. (2014), S. 13.

Herausforderungen und Handlungsfelder für die mittelständische Personalpolitik:

- In **Zukunft** wird das Interesse an den neuen **Informationstechnologien** für den **Einsatz im Personalmanagement** weiterhin steigen und stellt im Wettbewerb einen erheblichen Vorteil dar.

- Durch den Einsatz der neuen **Technologien**, können die Strukturen und Prozesse der Personalwirtschaft **effizienter** gestaltet und optimal unterstützt werden.

- Die Inhalte der Berufsausbildung müssen aktualisiert und an die neuen Qualifikationserfordernisse angepasst werden.

- Zukünftig werden durch den technologischen Strukturwandel neue Berufsbilder herausbilden, andere wiederum (u. a. durch die zunehmende Automatisierung von Arbeitsabläufen) wegfallen.

- Beschleunigung der Wissensvermehrung durch die Technologisierung der Arbeitswelt sowie Verringerung der Halbwertzeit von Wissen.

- Die zunehmende Spezialisierung des Wissens, stellt hohe Anforderungen an mittelständische Unternehmen, die wissensintensiven Prozesse kontinuierlich zu aktualisieren und zu optimieren sowie eine effiziente und möglichst kostenneutrale Arbeitsteilung zu realisieren.[332]

- Steigende Komplexität und höherer Veränderungsdruck, ist für mittelständische Unternehmen aufgrund der Unternehmensgröße und den flachen Hierarchien einfacher zu bewerkstelligen, als in Großunternehmen. [333]

4.5.3 Wissen als erfolgskritische Ressource in Zeiten der Globalisierung und einer wissensbasierten Gesellschaft

Entwicklungen in den Bereichen Bildung und Qualifikation beeinflussen die **Qualifikationsstruktur** des Arbeitskräftepotenzials. Hier kann es durch die **strukturelle Verschiebung** der Beschäftigungen zu Fachkräftemangel oder Fachkräfteengpässen kommen. Dies bedeutet, das Unternehmen aber auch Hochschulen, um die besten Bewerber bzw. Mitarbeiter **konkurrieren** müssen.

---

[332] Vgl. Rump, J./Eilers, S. (2015), S. 27.

[333] Vgl. Rump, J./Eilers, S. (2015), S. 27.

[334] Insbesondere, kleine und mittlere Unternehmen berichten über Schwierigkeiten bei der Besetzung vakanter **Fachkräftestellen**.[335]

Sowohl die **Globalisierung** als auch der **sektorale Wandel**, von der Industrie zur Dienstleistungsökonomie, führt zu massiven **Umstrukturierungen** des gesamtwirtschaftlichen quantitativen, als auch qualitativen **Arbeitskräftebedarfs** und -potenzials.[336] In den vergangen 50 Jahren hat sich der der Anteil an Erwerbstätigen im **primären Sektor** (u. a. Land- und Forstwirtschaft, Fischerei) von 19 Prozent auf 2 Prozent deutlich reduziert und im **sekundären Sektor** (produzierenden Gewerbe) fast halbiert. Im Gegensatz dazu hat sich der Anteil der Erwerbstätigen im **tertiären Sektor** (Dienstleistungen und übrigen Wirtschaftsbereiche) fast verdoppelt. Parallel dazu ist in Deutschland, in den letzten 10 Jahren das **Qualifikationsniveau**[337] kontinuierlich gestiegen.[338]

So verfügten im Jahr 2014, 28 Prozent der Erwerbspersonen (bezieht sich auf Erwerbstätige und Erwerbslose im Alter von von 20 bis 64 Jahren) über ein **hohes Bildungsniveau**, 61 Prozent waren im Besitz eines **mittleren Bildungsabschlusses** und 11 Prozent verfügten über einen **geringen Bildungsabschluss**.[339] Der **Trend zur Wissensökonomie** wird sich auch in Zukunft weiter fortsetzten und stellt neue Anforderungen an das **Qualifikationsniveau** der Arbeitskräfte.[340]

In Deutschland ist der **Schulerfolg**, jedoch sehr stark von der **sozialen Herkunft**, der jungen Menschen geprägt. Dabei haben Jugendliche, die die Schule

---

[334] Vgl. Scholz, C. (2014), S. 17.

[335] Vgl. Bußmann, S./Flake, R./ Seyda, S. (2014), S. 2; sowie Christophori, B. (2016), S. 90.

[336] Vgl. Kaiser, I./Pfeiffer, S. (2009), S.16ff.; sowie Scholz, C. (2014), S. 17f.

[337] Die Zahlen beziehen sich auf die Einstufung der internationalen Standardklassifikation für das Bildungswesen (ISCED). Hiernach werden gering-, mittel- und hoch qualifizierte unterschieden. Dabei haben gering qualifizierte Personen keinen formalen Berufsabschluss und haben höchstens einen Real- oder Hauptschulabschluss und/oder wurden in einem Unternehmen angelernt. Über einen mittleren Abschluss verfügen Personen die z. B. die allgemeine Hochschulreife oder eine Lehre bzw. eine Berufsfachschule erfolgreich absolviert haben. Hoch qualifizierte verfügen über einen Hoch- oder Fachschulabschluss (Bachelor, Master, Diplom, Promotion, Meister oder Techniker). Vgl. Statistisches Bundesamt: Arbeitsmarkt auf einen Blick – Deutschland und Europa (2016), S. 35.

[338] Vgl. Statistisches Bundesamt: Arbeitsmarkt auf einen Blick – Deutschland und Europa (2016), S. 34.

[339] Vgl. Statistisches Bundesamt: Arbeitsmarkt auf einen Blick – Deutschland und Europa (2016), S. 34.

[340] Vgl. Scholz, C. (2014), S. 17f; sowie Pfeiffer, I/Kaiser, S. (2009), S. 16f.

ohne Schulabschluss verlassen wesentlich **schlechtere Chancen** einen **Lehr-stellenplatz** zu finden oder eine geregelte Erwerbstätigkeit nachzugehen.[341] Aktuell bilden Personen mit einer **abgeschlossenen Berufsausbildung** den Großteil der sozialpflichtigen Beschäftigten.[342] *Tabelle 10* zeigt in diesem Zusammenhang, das **Großunternehmen** durchschnittlich 63 Prozent der Personen beschäftigten, die über eine abgeschlossene Berufsausbildung verfügen. Auch in Betrieben **mittlerer Größe** lag der Anteil knapp unter der 60 Prozent Grenze. Lediglich in den **kleinen Betrieben** lag der Anteil mit knapp 46 Prozent etwas niedriger.

	Jahres-angaben	2006	2007	2008	2009	2010	2011
	kleine Betriebe	46,3	45,8	45,8	45,1	45,7	46,3
	mittlere Betriebe	58,6	58,9	58,2	57,7	59,4	58,8
BETRIEBS-GRÖßE	**Groß-betriebe**	63,0	63,4	63,0	62,8	64,2	64,2
	Insgesamt	50,3	50,1	50,1	49,4	50,3	50,7

Tabelle 10: Durchschnittlicher Anteil Beschäftigter mit abgeschlossener Berufsausbildung an allen Beschäftigten nach Betriebsgrößenklassen (2006-2011/ in %)[343] (Quelle: Pahnke, A./ Icks, I./Kay, R. (2013), S. 29).

Die Qualifikations- und Berufsfeldprojektion des Bundesinstituts für Berufsbildung (**BIBB**) sowie des Instituts für Arbeitsmarkt und Berufsforschung (**IAB**), kommen zu dem **Ergebnis**, dass es mittelfristig in **Deutschland**, insbesondere auf der **mittleren Qualifikationsebene**[344] zu verstärkten **Fachkräfteengpässen** kommen dürfte. Die fehlenden Fachkräfte können nur durch eine **Intensivierung** der Ausbildungsanstrengungen der Betriebe sowie durch anvisieren alternativer Bewerbergruppen beschafft werden.[345] Durch die **sinkenden Schulabgänger-zahlen** sind konsequenterweise weniger Lehrstelleninteressierte verfügbar.[346]

---

[341] Vgl. Shell Jugendstudie (2015), S. 14.

[342] Vgl. Pahnke, A./Icks, I./Kay, R. (2013), S. 29.

[343] Vgl. IAB-Betriebspanel 2006-2011, hochgerechnete Werte; eigene Berechnungen des IfM Bonn.

[344] Die mittlere Qualifikationsebene schießt alle Personen mit einer erfolgreich abgeschlossenen (dualen) Berufsausbildung ein und gehört zur Ebene der Fachkräfte. Vgl. BMBF (2015), S. 5.

[345] Vgl. BMBF (2015), S. 5.

[346] Vgl. Christophori, B. (2016), S. 118.

Deshalb suchen Unternehmen bereits nach alternativen Bewerbergruppen, die zuvor nicht in das **Sichtfeld der Unternehmen** rückten. Zukünftig werden **Personengruppen** Chancen erhalten, die zuvor von den **Zugangsmöglichkeiten**, eine berufliche Ausbildung zu absolvieren, teilweise oder gänzlich **ausgeschlossen** wurden. Dazu zählen beispielsweise Bewerber mit Migrationshintergrund, Ausbildungsabbrecher oder alleinerziehende Elternteile.[347]

Vor diesem Hintergrund sollten sich Unternehmen zukünftig auf eine zunehmende **Heterogenität**[348] der Lehrstellenbewerber einstellen und entsprechend vorbereiten.[349] Dabei ist **Heterogenität** nicht nur Problembezogen zu verstehen, sondern insbesondere bekannt unter dem **Begriff Diversity** (engl. = Unterschiedlichkeit), auch positiv zu belegen. **Diversität** bezieht sich dabei auf **Eigenschaften** wie Nationalität, Landeskulturen, Geschlecht, Alter, Religion, Werte, Einstellungen und Bildungsstand, die Mitarbeiter im Team **sichtbar** oder **unsichtbar** voneinander **unterscheiden**. Dabei besteht die **Herausforderung** darin, trotz Unterschiedlichkeiten der Teammitglieder, das gemeinsame **Ziel zu erreichen**.[350] Durch die **Heterogenität der Auszubildenden**, nimmt auch die Vielfalt an spezifischen Fähigkeiten zu, die sie im Unternehmen erfolgreich und zielgerichtet einsetzten können.[351] Insbesondere wird durch die Heterogenität der Belegschaft ein Zugewinn von vielfältigen Lösungsansätzen erwartet.[352]

Doch auch **andere Faktoren** deuten darauf hin, dass die **Zusammensetzung der Auszubildenden** im Unternehmen **vielfältiger** und unterschiedlicher wird. So nimmt die **internationale Mobilität** von Jugendlichen und jungen Erwachsenen auch weiterhin zu. Dies betrifft sowohl Auswanderer als auch Einwanderer. Dadurch sehen sich die (Ausbildungs-)**Betriebe** ebenfalls mit **neuen**

---

[347] Vgl. Christophori, B. (2016), S. 118.

[348] Heterogen: Verschiedenartigkeit, Ungleichartigkeit, Uneinheitlichkeit im Aufbau, in der Zusammensetzung. Definition nach Duden-online (o.J.), verfügbar unter: http://www.duden.de/rechtschreibung/Heterogenitaet.

[349] Vgl. Christophori, B. (2016), S. 118.

[350] Vgl. Scholz, C. (2014), S. 1016.

[351] Vgl. Christophori, B. (2016), S. 120.

[352] Vgl. Scholz, C. (2014), S. 1016f.

Herausforderungen konfrontiert, wie z. B. den Umgang mit **interkulturellen Teams** oder der Überwindung von **Sprachbarrieren**.[353]

Herausforderungen und Handlungsfelder für die mittelständische Personalpolitik:

- Sensibilisierung der interkulturellen Kompetenzen sowie gegenüber Andersartigkeit und Vielfalt, der Mitarbeiter im Unternehmen.

- Zunehmende internationale Mobilität, bereits in Ausbildung und Studium sowie im Arbeitskontext.[354]

- Spezielle Förderungsprogramme können Qualifikationsdefizite der Auszubildenden ausgleichen.[355]

- Bildung wird in Deutschland, bzw. in hoch entwickelten Ländern zur erfolgskritischen Ressource.[356]

- Gering qualifizierte haben dagegen geringe Chancen auf ein gut bezahltes Arbeitsverhältnis und müssen eher mit dauerhafter Arbeitslosigkeit rechnen oder einer gering entlohnten Beschäftigung nachgehen, die sich zudem eher durch schlechte Arbeitsbedingungen (z. B. Wochenendarbeit oder Schichtarbeit etc.) auszeichnet.[357]

- Lebenslanges lernen und qualifizieren wird zukünftig unverzichtbar sein.

4.5.4 Wertewandel der Gesellschaft verändert die Erwerbs- und Bildungsphasen der deutschen Bevölkerung

Nicht nur durch die Folgen des **demografischen Wandels** (siehe Kap. 3.2.1), sondern auch durch den **Wertewandel** der Gesellschaft haben sich die **traditionellen Lebensläufe** und damit auch die **Erwerbs- und Bildungsphasen** der deutschen Bevölkerung verändert.[358] Bisher folgte der typische **Lebenslauf** in Deutschland eher **institutionalisierten Verlaufsmustern**. Der Einklang mit dem deutschen **Sozialsystem** und Konformität

---

[353] Vgl. Pfeiffer, I./Kaiser, S. (2009), S. 29.

[354] Vgl. Rump, J./Eilers, S. (2015), S. 25.

.[355] Vgl. Christophori, B. (2016), S. 120.

[356] Vgl. Kröhnert, S./Hoßmann, I./ Klingholz, R. (2008), S. 37.

[357] Vgl. Kröhnert, S./Hoßmann, I./ Klingholz, R. (2008), S. 37.

[358] Vgl. Erlwein, M. (2014), S. 20.

mit dessen **Regeln** stand im **Zentrum** des Geschehens. Dabei war die **Erwerbsarbeit** sehr stark auf **Bildung** und **Rentenbezug** ausgerichtet (siehe *Abbildung 27*: Lebensphasen 1960).[359]

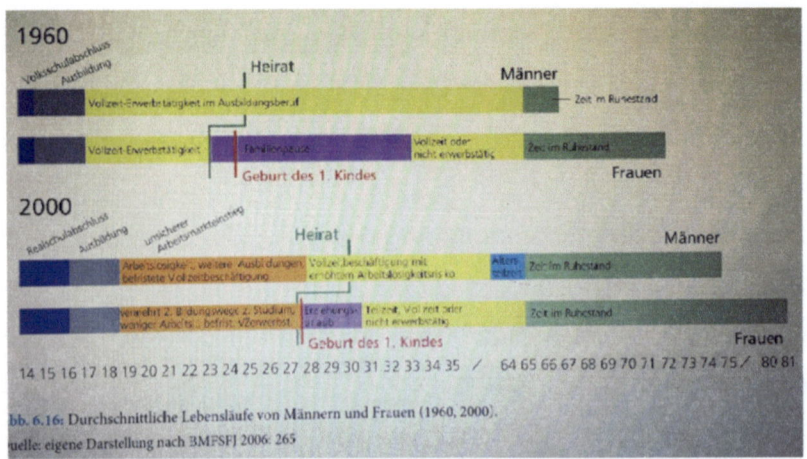

Abbildung 27: Durschnittliche Lebensläufe von Männern und Frauen (1960, 2000) (Quelle: Gans, P. (2010), S. 106 nach BMFSFJ (2006), S. 265).

Die **Grundlage** des **beruflichen Erfolgs** bilden Zeugnisse, Zertifikate und Zugangsberechtigungsnachweise die i. d. R. aufeinander aufbauen und die **verschiedenen Subsysteme** Schule, Berufsausbildung sowie Pensionierung **verknüpfen**. Zudem wirken die verschiedenen Komponenten als **Belohnungssystem** für **individuelle Leistung** und geben dadurch auch bestimmte **Karrierepfade** vor.[360] Außerdem waren die Lebensläufe bisher stark vom **traditionellen Rollenbild** geprägt. Der Mann als **Hauptnäherer** der Familie und die Frau als **Familienhalterin**, die für die Familie ganz oder teilweise, bzw. zeitlich begrenzt aus dem Beruf aussteigt.[361]

Im **Vergleich zu 1960** beginnt und schließt der **biologische Prozess** der Pubertät **heute** (Abb. 27 zieht den Vergleich mit dem Jahren 1960 und 2000) zwar früher ab, jedoch dauert es länger bis die Jugendlichen **finanzielle Unabhängigkeit** erlangen und sich ihre **Identität herausgebildet** hat.

---

[359] Vgl. BMFSFJ (2006), S. 265.

[360] Vgl. BMFSFJ (2006), S. 265.

[361] Vgl. BMFSFJ (2006), S. 265.

Dadurch beginnt auch die **Phase des Erwachsenseins** später.[362] Doch auch die Erwachsenen im mittleren Alter müssen sich stetig an die veränderten **Umweltbedingungen**, wie etwa Veränderungen der **Berufsbilder** und Beschäftigungsarten anpassen, indem sie sich entsprechende **Qualifikationen** aneignen oder sich den gesellschaftlichen und **familiären Rollenbildern** anpassen.[363]

Der Übergang von der Erwerbstätigkeit zur **Pensionierung** hat sich auch nach hinten verschoben. Dieser **Trend** wird sich zukünftig weiter fortsetzten.[364] Dadurch, dass die Bevölkerung **länger gesund** bleibt, steigt die **aktive Lebenserwartung** der Bevölkerung nicht nur quantitativ, sondern auch qualitativ. Damit lösen sich festgelegte **Lebensentwürfe** bzw. **Altersgrenzen** auf. So berichten auch Medien häufiger von **Senioren**, die im Alter von 70 Jahren ein Studium aufnehmen oder weiterhin einer **bezahlten Beschäftigung** nachgehen.[365]

Die **Werte**[366] der Gesellschaft und das **Beschäftigungssystem** haben sich ebenfalls stark verändert. Die **Veränderungen** des Wertesystems haben auch **Auswirkungen** auf die Rekrutierung von **Auszubildenden**. Denn die **Anforderungen** an die betriebliche Personalpolitik hängen auch ein Stück weit von dem **Wertesystem** des Arbeitskräftepotenzials ab.[367]

Dabei können **Studienergebnisse** über die **beruflichen Vorstellungen**, **Wünsche** und **Erwartungen** der Jugendlichen, für (mittelständische) Unternehmen wertvolle Information bereitstellen. Das **Wissen** und **Verständnis** über die Erwartungshaltung und Karriereorientierung der **Zielgruppe** unterstützt Unternehmen dabei, die **duale Ausbildung** attraktiv zu gestalten und eine **zielgruppengerechte Ansprache** derjenigen Kandidaten zugewährleisten, die zum Wertesystem des Unternehmens passen.[368]

---

[362] Vgl. Erlwein, M. et al. (2014), S. 19

[363] Vgl. Erlwein, M. et al. (2014), S. 19f.

[364] Vgl. Statistisches Bundesamt: Arbeitsmarkt auf einen Blick – Deutschland und Europa (2016), S. 76ff.; sowie Erlwein, M. et al. (2014), S. 19f

[365] Vgl. Erlwein, M. et al. (2014), S. 20.

[366] „Werte sind kognitive Präferenzstrukturen, die als Entscheidungsregeln fungieren und so das Verhalten steuern." Scholz, C. (2014), S. 21.

[367] Vgl. Scholz, C. (2014), S. 25.

[368] Vgl. Scholz, C. (2014), S. 25.

Nachfolgend erfolgt eine knappe **Darstellung** zentraler Ergebnisse zur **Lebenssituation**, Werte und Karriereorientierung **Jugendlicher** im Alter von 12 bis 25 Jahren, mit dem **Ziel** einen **Einblick** in die Welt der jungen Generation zu vermitteln. Anschließend werden die damit verbundenen **Konsequenzen** für die **Rekrutierung von Auszubildenden** reflektiert.

Die **Shell Jugendstudie 2015**[369] „hat hervorgebracht, dass sich **junge Menschen** im Allgemeinen verstärkt die **Vereinbarkeit von Arbeit**, **Freizeit** und **Familie** wünschen. Ihnen geht es dabei, **insbesondere** um planbare und verlässliche Gestaltungsmöglichkeiten und **weniger** um die strikte Trennung von Beruf und Privatem.[370] In diesem Zusammenhang ist es ihnen wichtig, dass sie je nach Lebensumständen ihre **Arbeitszeiten flexibel** anpassen können z. B. nach der Familiengründung ein Arbeitsverhältnis in Teilzeit auszuüben.[371] 95 Prozent der Jugendlichen sehnen sich nach einem **sicheren Beruf**, der ein erfülltes Leben ermöglichen kann. Dabei ist es ihnen wichtig eine **selbstbestimmte**, sinnvolle sowie gesellschaftlich **nützliche Tätigkeit** auszuüben.[372] Außerdem sind ihnen, der **Respekt** gegenüber anderen **Kulturen** und eigenen **Traditionen**, die Anerkennung der **Vielfalt der Menschen** und ein starkes Bewusstsein für ihre **Umwelt** wichtig. Während **materielle Werte**, wie „Macht oder einen „hohen Lebensstandard", deutlich an **Stellenwert** verlieren. [373] Hinsichtlich der **Karriereorientierung** stimmen die wenigsten zu, dass **Überstunden** geleistet werden müssten, um damit einen **beruflichen Aufstieg** vorranzubringen. Konsequenterweise sind die wenigsten bereit, Überstunden zu leisten. Am ehesten können sich die männlichen Befragten mit der Aussage identifizieren, dass **Überstunden** und **Wochenendarbeit** dazugehören, um sich beruflich weiterzuentwickeln. Jedoch erwarten sie dafür einen entspre-

---

[369] Die Befragung der „17. Shell Jugendstudie 2015" fand im Zeitraum von Anfang Januar bis Anfang März 2015 statt und wurde von geschulten Infratest-Interviewern durchgeführt. In der repräsentativen Studie wurden 2.558 Jugendliche, im Alter von 12 bis 25 Jahren, persönlich mittels standardisierten Fragebogens, zu ihrer Lebenssituation und zu ihren Einstellungen und Orientierungen befragt. Zusätzlich wurden mit 21 Jugendlichen (im Alter von 12 bis 25 Jahren), im Rahmen dieser qualitativen Studie zwei- bis dreistündige vertiefende Interviews durchgeführt.

[370] Vgl. Shell Jugendstudie (2015), S. 13

[371] Vgl. Shell Jugendstudie (2015), S. 16.

[372] Vgl. Shell Jugendstudie (2015), S. 13.

[373] Vgl. Shell Jugendstudie (2015), S. 13 & 29.

chenden **Arbeitszeitausgleich**.[374] Aus den Befragungsergebnissen, der Jugendlichen zu den **Aspekten des Berufslebens** haben die Autoren der Shell-Studie **vier Berufstypen abgeleitet**, die den Jugendlichen am nächsten kommen. *Tabelle 11* zeigt die **Charakterisierung** der vier Berufstypen.[375]

Die Durchstarter (37 Prozent)	**Die Bodenständigen** (27 Prozent)
▪ Nutzen und Erfüllung steht im Beruf im Mittelpunkt ▪ Arbeit soll sich an das Leben anpassen ▪ Planbarkeit und Karriereorientierung haben hohen Stellenwert	▪ Nutzen steht im Vordergrund: Karriere ist wichtig und sollte planbar sein ▪ Beruf sollte möglichst am Leben anpassbar sein ▪ Berufliche Erfüllung ist weniger wichtig
Die Idealisten (18 Prozent)	**Die Distanzierten** (18 Prozent)
▪ Berufliche Erfüllung steht im Vordergrund ▪ Sinnstiftende Tätigkeit ist sehr wichtig, Karriereorientierung hat geringen Stellenwert ▪ Soziale Kontakte auch berufsbezogen (z. B. Teamarbeit) sind sehr wichtig	▪ Fühlen sich nicht von genannten Aspekten des Berufslebens angesprochen ▪ Moderate Erwartungen an Nutzen und Erfüllung, Planbarkeit und Anpassung des Berufs an das Leben ▪ Weniger ausgeprägte Karriereorientierung

Tabelle 11: Die vier Berufstypen Jugendlicher im Alter von 15 bis 25 Jahren (Quelle: eigene Darstellung).

Laut **trendence Schülerbarometer 2015**[376], sind für die Jugendlichen bei der **Wahl** ihres **künftigen Arbeitgebers**, vor allem nette Kollegen, gute Vorgesetzte und ein fairer Bewerbungsprozess wichtig.[377] Zugleich sind die wichtigsten Kriterien im **Entscheidungsprozess** für einen Ausbildungsbetrieb, nach den Ergebnissen der **McDonald's Ausbildungsstudie**[378], die Chancen nach der Ausbildung übernommen zu werden (80 Prozent), ein positives Betriebsklima (62 Prozent) und das man frühzeitig selbstständig arbeiten kann (36 Prozent). Zudem ist es für viele Schüler wichtig, dass der Ausbildungsbetrieb nicht zu

---

[374] Vgl. Shell Jugendstudie (2015), S. 16f.

[375] Vgl. Shell Jugendstudie (2015), S. 17.

[376] Im Zeitraum von Januar bis Juni 2015, wurden 3.000 SchülerInnen der Klassen 8 bis 13 an allgemeinbildenden Schulen mit standardisierten Fragebogen zum Thema „berufliche Zukunft und über die für sie attraktivsten Arbeitgeber, anonym befragt". Die Studie wurde vom Berliner trendence Institut durchgeführt. Vgl. trendence Ausbildungsstudie (2015), abrufbar unter: https://www.schuelerbarometer.de/schuelerbarometer/die-studie/studienergebnisse.html (Zugriff: 25.07.2016).

[377] Vgl. trendence Ausbildungsstudie (2015), abrufbar unter: https://www.schuelerbarometer.de/schuelerbarometer/die-studie/studienergebnisse.html (Zugriff: 25.07.2016).

[378] Befragt wurden 1.674 Personen im Alter von 15 bis 24 Jahren.

weit vom Zuhause entfernt ist (43 Prozent) und dass es in dem Unternehmen auch einen für sie zuständigen Ausbilder gibt (41 Prozent). [379]

Abschließend zeigt *Tabelle 12* eine Zusammenfassung der **zentralen Werte** der Jugendlichen und welche **Konsequenzen** damit für die Rekrutierung von Auszubildenden verbunden sind.

Werte & Verhalten der Jugendlichen im Alter von 15 – 25 Jahre[380]	Konsequenzen für die Rekrutierung Auszubildender & Handlungsfelder
Informationen zum Arbeitgeber, Berufsbildern, Stellenangebote, etc. werden im Internet recherchiert	Attraktive Unternehmenswebseite, Präsens in Arbeitgeberportalen, etc.
Beruf soll selbstbestimmte, sinnvolle und gesellschaftlich nützliche Tätigkeit ermöglichen	Auszubildende an der Organisation sozialer Projekte beteiligen, stärkt auch Arbeitgeberimage
Wunsch nach Vereinbarkeit von Arbeit, Freizeit und Familie	Work-life-balance Konzepte, flexible Arbeitszeitmodelle
Soziale Beziehungen (Freundschaft, Partnerschaft, Familie) haben priorisierten Stellenwert	Teambuilding Events, vertrauensvolle Unternehmenskultur, etc. hat positive Auswirkungen auf das Betriebsklima
Bedürfnis nach einem sicheren Arbeitsplatz	Entscheidungskriterien für Ausbildungsübernahme und Entwicklungsperspektiven nach der Ausbildung transparent gestalten
Idealistischen Vorstellungen, z. B. neue Horizonte erschließen	Offenheit für neue Ideen und Verbesserungsvorschläge
Berufe mit interessantem und erfüllendem Tätigkeitsprofil	Job-Rotation/ Tätigkeitsprofil und Sinn bzw. Nutzen der Tätigkeit herausstellen
Flexibilität & Vereinbarkeit von Arbeit und Familie	Flexible Arbeitszeitmodelle und familienfreundliche Unternehmensstrukturen
Soziale und berufliche Anerkennung	Anerkennung von Leistungen der Auszubildenden und Einräumung von Mitbestimmungsrechten (Vorschlagwesen, Potenzialgespräche, etc.)
Starkes Umweltbewusstsein	Umweltbewusste Unternehmenskultur ausleben und nach außen präsentieren (z. B. möglichst „Papierloses Büro/Werkstatt")
Materielle Werte, wie Macht und hoher Lebensstandard verlieren an Bedeutung	Nicht monetäre Anreiz- und Belohnungssysteme anbieten/ Entwicklungsperspektiven bieten

Tabelle 12: Werte Jugendlicher im Alter von 15 bis 25 Jahre und Konsequenzen für die Rekrutierung aus Auszubildender (Quelle: eigene Darstellung).

Herausforderungen und Handlungsfelder für die mittelständische Personalpolitik:

- Der erlernte Erstberuf wird nicht mehr oder zumindest selten durch ein ganzes Erwerbsleben tragen.[381]

- Stattdessen muss das Wissen stetig aktualisiert bzw. erweitert oder komplett neu ausgerichtet werden.[382]

---

[379] Vgl. McDonald's Ausbildungsstudie (2015), S. 66.

[380] Vgl. Shell Jugendstudie (2015).

[381] Vgl. BMBFJ (2006), S. 265; sowie Erlwein, M. et al. (2014), S. 20.

- Der Wertewandel, insbesondere den hohen Stellenwert der Familie und Freizeit bei den Jugendlichen, stellen neue Anforderungen an die betriebliche Personalpolitik, z. B. flexible Arbeitszeitgestaltung und Work-life-balance Konzepte.

- Der Wunsch nach einer sinnstiftenden Erwerbstätigkeit hat als motivationaler Aspekt stark an Bedeutung zugenommen.

- In Zukunft ist mit einer **steigenden** Erwerbstätigkeit von Frauen zu rechen. Dadurch werden **familienfreundliche Personalkonzepte**, auch in Phasen der Berufsausbildung immer mehr an Bedeutung zunehmen.

Abschließend zeigt *Abbildung 28* nochmals eine Zusammenfassung der Trendanalyse.

---

[382] Vgl. Erlwein, M. et al. (2014), S. 20.

Megatrends

Einflussfaktoren	Relevanz und Auswirkungen für die Gestaltung der Personalpolitik
Demografischer Wandel • Bevölkerungsstruktur • Bevölkerungsentwicklung • Bildungs- und Qualifikationsstruktur der Bevölkerung	• Verfügbarkeit von Arbeitskräften, in quantitativer und qualitativer Hinsicht • Das Erwerbspotenzial wird in Deutschland weniger, älter und heterogener • Anzahl der ausbildungsberechtigten Jugendlichen nimmt ab • Verändertes Bildungsverhalten u. a. höhere Studierneigung beeinflusst die Qualifikationsstruktur
Neue Informations- und Kommunikations-technologien • Sektorale Strukturveränderung der Arbeitswelt • Entstehung neuer Arbeits- und Lebensformen • Weiterentwicklung der Informations- und Kommunikationsstrukturen • Anwendung von Data Mining im Personalmanagement	• Entstehung von neuen Ausbildungsberufen • Abnahme der Erwerbstätigenanzahl, derjenigen die Routinetätigkeiten ausführen • Entstehung neuer Beschäftigungs- und Arbeitszeitmodelle • Etablierung neuer Rekrutierungsmethoden (z. B. mobile Recruiting) • Bedeutungszuwachs von Fachwissen und lebenslangem Lernen • Entwicklungen der gesetzlichen Rahmenbedingungen (z. B. Datenschutz)
Wissensökonomie • Qualifikationsstruktur der Erwerbsbevölkerung • Qualifikationsbedarf der Unternehmen • Sektorale Strukturveränderung: Übergang in wissensbasierte Dienstleistungsgesellschaft	• Wissen wird zum stärksten Wettbewerbsvorteil und erfolgskritischer Ressource in Unternehmen • Innovationspotenzial & Erfolgspotenzial • Anstieg des Qualifikationsniveaus • Talent Management (die besten finden & binden)
Globalisierung • Auslagerung der Arbeit in Niedriglohnländer • Zunahme von Kooperationen und strategischen Allianzen • Zunahme von Preis und Wettbewerbsdruck • Zunahme internationaler Mobilität Jugendlicher	• Kooperationen mit anderen Unternehmen im Bereich Personalrekrutierung- und Personalentwicklung • Erasmus Programm/ Diversity Management • Sprach- und Integrationshürden überwinden • Heterogenität der Auszubildenden nimmt zu • International Rekrutierung von Fachkräften • Zunahme internationaler Konkurrenz um Fachkräfte
Wertewandel • Veränderung der gesellschaftlichen Werte/ Lebensstilveränderung • Einstellung zur Bildung und Lernen • Neue Lebens- und Arbeitsformen • Freizeitverhalten und Arbeitsmentalität	• Gestaltung des Zielgruppenmarketings • Innovationsfähigkeit & Wettbewerbsfähigkeit des Unternehmens • Lernkultur, Umgang mit & Einstellung gegenüber neuen Technologien • Motivation und Commitment der Mitarbeiter • Anreizsysteme im Unternehmen • Bindungsfähigkeit der Mitarbeiter

Abbildung 28: Einflussfaktoren auf die Rekrutierung Auszubildender und Auswirkungen auf die Gestaltung der Personalpolitik (Quelle: eigene Darstellung).

4.6 Engpass- und Ursachenanalyse auf dem Ausbildungsmarkt

4.6.1 Aktuelle Entwicklungen des Ausbildungsmarktes

Im Jahr **2015** erhöhten Unternehmen ihr **Ausbildungsplatzangebot**, bei einer geringeren Anzahl an Schulabsolventen und **Lehrstellenbewerber am Ausbildungsmarkt**.[383] Dadurch verbesserte sich zwar die Ausbildungssituation für Lehrsteleninteressierte, allerdings konnten aufgrund von **Passungsproblemen**[384] (siehe dazu *Tabelle 13*) nicht mehr **Ausbildungsverträge** abgeschlossen werden, als in den Vorjahren.[385] Denn nicht immer entspricht das Lehrstellenangebot der Unternehmen den **Berufswünschen** der Bewerber oder umgekehrt, der Bewerber passt nicht zum Unternehmen (z. B. aufgrund fehlender Qualifikationen oder Kompetenzen).[386]

		Zahl der erfolglosen suchenden BewerberInnen	
		Niedrig	Hoch
Zahl der unbesetzten Lehrstellen	niedrig	Kein Problem	Versorgungsprobleme
	Hoch	Besetzungsprobleme	Passungsprobleme

Tabelle 13: Problemarten auf dem Ausbildungsmarkt (Quelle: eigene Darstellung in Anlehnung an Matthes, S. et al. (2014), S. 1).

Äußerst starke **Besetzungsprobleme** gab es dabei erneut im **Handwerk**. Hier blieben bundesweit 14.400 Stellen (9,7 Prozent) des betrieblichen Ausbildungsangebots ungenutzt.[387] Auch der Anteil **erfolgloser Bewerber** (Versorgungsprobleme) ist mit 13,4 Prozent weiterhin hoch ausgefallen.[388]

---

[383] Bundesweit entfielen 93,4 Ausbildungsplatzangebote auf 100 Ausbildungsplatznachfrager: Vgl. BiBB Datenreport zum Berufsbildungsbericht (2016), S. 14; sowie BMWi (September 2015): http://www.bmwi.de/DE/Themen/ausbildung-und-beruf,did=220286.html.

[384] Passungsprobleme (auch Missmatch genannt): zeichnen sich dadurch aus, dass Berufswünsche der Bewerber und das Angebot an Ausbildungsplätzen nicht immer zueinander passen. Vgl. BMWi (September 2015): http://www.bmwi.de/DE/Themen/ausbildung-und-beruf,did=220286.html./

[385] Vgl. BIBB Datenreport zum Berufsbildungsbericht (2016), S. 9.

[386] Bußmann, S./Flake, R./ Seyda, S. (2014), S.14.

[387] Vgl. Czepek, J. et al. (2015), S. 11; sowie Bußmann, S. et al. (2015), S. 19.

[388] Vgl. BIBB Datenreport zum Berufsbildungsbericht (2016), S. 11.

Aus **Unternehmenssicht** sind die Passungsprobleme gewachsen[389] Im Jahr **2015** blieben bundesweit 41.000 (7,5 Prozent) **Lehrstellen frei**. Das sind mehr als doppelt so viele wie **vor 5 Jahren** (2010: 19.600) und 3.900 mehr, als im Jahr **2014** (+10,4 Prozent).[390] Insgesamt verstärken sich die **Passungsprobleme** einerseits durch die Zunahme von **Stellenbesetzungsproblemen** der Ausbildungsbetriebe, andererseits durch die weiterhin bestehende **Versorgungsproblematik** der Lehrstellenbewerber.[391]

4.6.2 Engpassanalyse für regional-, berufs- und wirtschaftsspezifische Bereiche

Seit einigen Jahren debattieren Politiker, Forscher und Unternehmer in **arbeitsmarktpolitischen Diskussionen** über den **Eintritt** eines flächendeckenden **Fachkräftemangels** auf dem deutschen Arbeitsmarkt.[392] Dazu haben verschiedene Institutionen und Wissenschaftler verschiedene **Szenarien** entwickelt, die aufzeigen welche **Auswirkungen**, der Eintritt eines flächendeckenden Fachkräftemangels auf die **deutsche Wirtschaft** haben könnte. Mehrheitlich einig sind sie sich darüber, dass die Folgen der demografischen Entwicklungen bereits in 2030 deutlich auf dem Arbeitsmarkt zu spüren sein werden. [393] Auch wenn zurzeit **noch keine Anzeichen** eines flächendeckenden Fachkräftemangels[394] zu

---

[389] „Von wachsenden Passungsproblemen spricht man, wenn sich nicht nur die Besetzungsprobleme auf dem Ausbildungsmarkt verschärfen (mehr Ausbildungsplatzangebote bleiben ungenutzt), sondern auch die Versorgungsprobleme (mehr Ausbildungsstellenbewerber/-innen bleiben bei ihrer Ausbildungsplatzsuche erfolglos)". Siehe dazu auch Tabelle 13, Matthes, S. et al. (2014), S. 1.

[390] Vgl. BIBB Datenreport zum Berufsbildungsbericht (2016), S. 15.

[391] Vgl. BIBB Datenreport zum Berufsbildungsbericht (2016), S. 13; sowie Matthes, S. et al. (2014), S. 1.

[392] Als Fachkraft werden Personen bezeichnet, die über eine mindestens zweijährige, erfolgreich abgeschlossene Berufsausbildung verfügen. Vgl. Bußmann, S./Flake, R./ Seyda, S. (2014), S. 4.

[393] u.a. Robert Bosch Studie (2013): „Die Zukunft der Arbeitswelt: Auf dem Weg ins Jahr 2030"; sowie BMAS Bonn (2013): „Arbeitsprognose 2030: Eine strategische Vorausschau auf die Entwicklung von Angebot und Nachfrage in Deutschland"; sowie Vogler-Ludwig, K./Düll, N. (2013): „Arbeitsmarkt 2030: Eine strategische Vorausschau auf Demografie, Beschäftigung und Bildung in Deutschland". sowie Vogler-Ludwig, K./Düll, N./Kriechel, B. (2015): „Arbeitsmarkt 2030: Die Bedeutung der Zuwanderung für Beschäftigung und Wachstum - Prognose 2014.

[394] Von einem Fachkräfteengpass kann gesprochen werden, wenn die Nachfrage an Fachkräften das Angebot kurzfristig übersteigt. Hingegen zeichnet sich ein Mangel an Fachkräften

erkennen sind [395] zeigen diverse Untersuchungen, dass ein **Fachkräfteengpass** bereits in einzelnen **Regionen**, **Branchen** und **Berufen** zu spüren ist.[396] Deshalb liegt der Schwerpunkt im folgenden Abschnitt auf der Analyse von regional-, berufs- und wirtschaftsspezifischen Engpässen. Zunächst erfolgt jedoch eine Auswertung diverser Studienergebnisse zu **Fachkräfteengpässen** und zu **Vakanzraten** in mittelständischen Unternehmen.[397]

Grundsätzlich haben Kleinstunternehmen und kleine Betrieben, wesentlich häufiger mit **Engpässen** bei der **Stellenbesetzung**, insbesondere auch mit Blick auf die **betriebliche Ausbildung** zu kämpfen, als Großunternehmen.[398] Hinzukommt das **KMU** tendenziell eine **geringe Anzahl** an Bewerbungen erhalten, als Großbetriebe, das hat wiederum Auswirkungen auf die Anzahl an **geeigneten Bewerbern**, die ebenfalls in KMU deutlich geringer ausfällt, als in Großbetrieben.[399]

Den Zusammenhang zwischen dem **Ausmaß** von **Rekrutierungsschwierigkeit** und der **Unternehmensgröße** konnte bereits in diversen Studien belegt werden.[400] Wesentliche Gründe für die Benachteiligung mittelständischer Unternehmen, bzw. KMU wurden bereits in Kapitel 3 dargelegt und analysiert.

Abbildung 29 zeigt, dass bei **kleinen und mittleren**[401] **Unternehmen** tendenziell größere **Rekrutierungsprobleme** auftreten, als bei Unternehmen die mehr als 200 Mitarbeiter beschäftigen.

---

aus, wenn dauerhaft Engpässe am Arbeitsmarkt bestehen. Vgl. Bußmann, S./Flake, R./ Seyda, S. (2014), S. 4.

[395] Laut Engpassanalyse (2015) der Bundesagentur für Arbeit; sowie Czepek, J. et al. (2015), S. 2f.

[396] Vgl. Bundesagentur für Arbeit Statistik/Arbeitsmarktberichterstattung (2015), https://statistik.arbeitsagentur.de; sowie Czepek, J. et al. (2015), S. 2f; sowie Stracke, S./Schöneberg, K. (2016), S. 15.

[397] Aufgrund der statistischen Verfügbarkeit erfolgt die Analyse auf Datenbasis von KMU. Der Fokus der Studien lag mehrheitlich auf der Untersuchung von Betriebsgrößenklassenspezifischen unterschieden. Hierbei verglichen die Studien kleine und mittlere Unternehmen (KMU) mit Großbetrieben. Da die Mehrheit mittelständischer Unternehmen der Kategorie KMU zugeordnet werden können, ist der Autor der vorliegenden Arbeit der Ansicht, dass die Studienergebnisse für mittelständische Unternehmen repräsentativ sind.

[398] Vgl. Cordes, A. (2016), S. 1.

[399] Vgl. Czepek, J. et al. (2015), S. 5.

[400] Vgl. Bußmann, S./Flake, R./ Seyda, S. (2014), S. 4.

[401] Unternehmen mit einer Beschäftigtenzahl unter 200 Mitarbeitern.

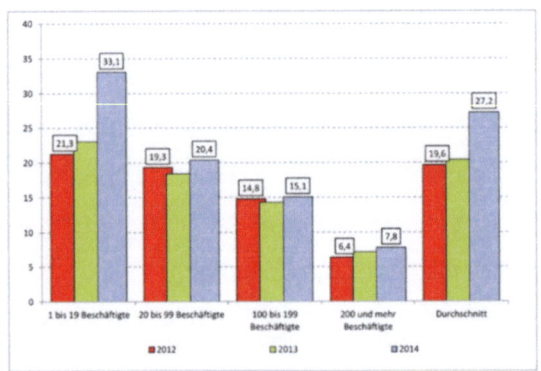

Abbildung 29: Durchschnittlicher Anteil unbesetzter Ausbildungsstellen am Gesamtangebot an Ausbildungsstellen in Ausbildungsbetrieben nach Betriebsgrößenklassen zwischen 2012 und 2014 (in %) (Quelle: BIBB - Qualifizierungspanel, Erhebungswellen 2011 bis 2014, gewichtete Ergebnisse).[402]

Ebenfalls hat diese Tendenz über die Jahre hinweg deutlich zugenommen. Dies gilt auch für das **Ausbildungsjahr 2015**. So konnten im Jahr 2015 Unternehmen mit mehr als 200 Beschäftigten, 23,8 Prozent ihrer angebotenen Ausbildungsstellen nicht besetzten. In **Kleinstbetrieben** lag der Anteil mit 46,5 Prozent fast doppelt so hoch.[403] Die **Folgen** bezgl. des **Ausbildungsverhaltens** von Unternehmen mit besonders starken **Rekrutierungsschwierigkeiten** von Lehrstellenbewerbern, können gravierend sein. So zeigt, z. B. eine **Online-Unternehmensumfrage der DIHK** aus dem Jahr 2015 das insbesondere Unternehmen, die über die Jahre hinweg mit starken **Besetzungsschwierigkeiten konfrontiert** wurden sich aus der betrieblichen Ausbildung in Deutschland **zurückgezogen** haben.[404] Allerdings entstehen dadurch **negative Folgen** für die wirtschaftliche Entwicklung dieser Unternehmen, weil u. a. fehlende Fachkräfte ihre **Wettbewerbsfähigkeit** mindern.[405]

Arbeitsmarktengpässe können **kurzfristig** durch **Mehrarbeit** der internen Arbeitskräfte oder durch **Zeitarbeit** ausgeglichen werden, doch langfristig kann es dazu führen, dass Unternehmen ganz auf neue Aufträge **verzichten** müssen und dadurch ihre **Expansionspläne** gefährdet werden. Das wiederum führt

---

[402] Abbildung: Troltsch, K./BIBB (Hrsg.) (13.10.2015), https://www.bibb.de/de/35374.php.

[403] Vgl. BIBB Datenreport zum Berufsbildungsbericht (2016), S. 221.

[404] Vgl. DIHK-Onlineumfrageergebnisse (2015), S. 16.

[405] Vgl. DIHK-Onlineumfrageergebnisse (2015), S. 16.

nicht nur zu **Wertschöpfungsverlusten** und **Wachstumshemmnissen** der betroffenen Unternehmen, sondern auch für die deutsche Volkswirtschaft.[406]

Engpassberufe im mittleren Qualifikationsbereich:[407]

Schaut man sich den **Fachkräftebedarf** von Unternehmen für Berufe der mittleren Qualifikationsebene an, sollten vor allem in den identifizierten **Engpassberufen** Lehrstelleninteressierte **motiviert** werden, eine Ausbildung zu absolvieren. *Abbildung 30* zeigt die **Top 10 der Engpassberufe** im mittleren Qualifikationsbereich für Personen mit abgeschlossener Berufsausbildung.

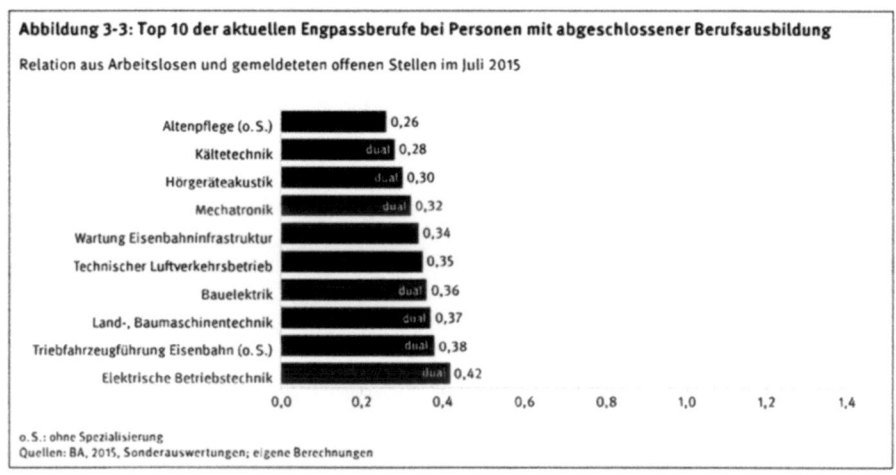

Abbildung 30: Top 10 der aktuellen Engpassberufe bei Personen mit abgeschlossener Berufsausbildung (Quelle: Bußmann, S. et al. (2015), S. 13).

Von den Top 10 der **Engpassberufen** (siehe *Abbildung 30*) blieben, insbesondere in den Berufsfeldern, Sanitär-, Heizung- und Klimatechnik, Bautechnik, elektrische Betriebstechnik und spannende Metallbearbeitung viele **Ausbildungsstellenangebote** frei.[408] Jedoch ist festzustellen, dass nicht nur in den Engpassberufen Schwierigkeiten bestehen, sondern dass der Anteil an **unbe-**

---

[406] Vgl. Kurt-Vogler, L./Düll, N. (2013), S. 39 & 135ff; sowie Acemyan-Steffens, T.V./Neuhäuser, M. (2011), S. 14.

[407] „Eine Berufsgattung zählt zu den Engpassberufen, wenn bundesweit die Zahl der Arbeitslosen in einem Monat nicht ausreicht, um die offenen Stellen zu besetzen. Als Engpassrelation wird dabei das Verhältnis aus Arbeitslosen zu gemeldeten offenen Stellen bezeichnet." Zit. Bußmann, S./Flake, R./ Seyda, S. (2014), S. 7.

[408] Erhebungszeitraum: Ausbildungsjahre 2011 bis 2015, Stichtag 30.09 (Jedoch können hier, lediglich Daten über Unternehmen, die ihre offenen Ausbildungsstellenangebote bei der Bundesagentur für Arbeit melden, ausgewertet werden.) Vgl. Bußmann, S. et al. (2015), S. 23.

setzten Lehrstellen zwischen 2011 und 2014, in **allen Berufsfeldern** gewachsen ist (siehe *Abbildung 31*).[409]

Berufsfeld	2011	2012	2013	2014
Lebensmittel	13,1	17,0	17,2	19,1
Rohstoffe, Glas und Keramik	7,8	11,2	13,4	16,1
Verkauf und Tourismus	10,0	10,4	10,1	11,0
Bau- und Gebäudetechnik	4,0	5,7	6,4	7,7
Gesundheit, Soziales und Bildung	4,7	6,1	6,6	7,3
Textil und Leder	3,7	6,1	7,5	7,0
Logistik und Sicherheit	3,8	4,8	6,1	6,9
Landwirtschaft und Gartenbau	2,7	3,8	4,2	4,9
Kunststoff und Holz	3,0	4,0	4,1	4,8
Metall	2,8	3,6	4,1	4,7
Energie, Elektro und Mechatronik	2,5	3,7	4,1	4,4
Papier und Druck	2,9	3,1	3,2	4,4
Sprache, Wirtschaft und Gesellschaft	3,3	3,1	3,3	3,7
Naturwissenschaft und Informatik	2,8	3,0	3,3	3,0
Maschinen- und Fahrzeugtechnik	1,6	2,0	2,4	2,7
Unternehmensorganisation und Verwaltung	2,1	2,1	2,3	2,5
Technische Forschung und Entwicklung	2,1	2,3	1,9	2,4
Insgesamt	5,0	5,7	6,0	6,6

Abbildung 31: Anteil unbesetzter Ausbildungsstellen nach Berufsfeldern zwischen 2011 und 2014 (in Prozent) (Quelle: Bußmann, S. et al. (2015), S. 18).

In den **Berufsfeldern** Rohstoffe, Glas und Keramik hat sich der Anteil von unbesetzten Lehrstellenplätzen mehr als **verdoppelt**. [410] Auch im Berufsfeld „**Lebensmittel**" ist der bereits hohe Wert von 13,1 Prozent (im Jahr 2011) auf 19,1 Prozent (im Jahr 2014) stark angestiegen. Zwar hat sich der Anteil an unbesetzten Lehrstellenangeboten in dem Berufsfeld „**Verkauf und Tourismus**" nur geringfügig verändert, jedoch ist der Wert mit 11 Prozent, trotzdem **überdurchschnittlich hoch**. Die **niedrigsten Werte** (im Jahr 2011: 2,1 Prozent sowie im Jahr 2014: 2,4 Prozent) sind in den **Berufsfeldern** „Unternehmensorganisation und Verwaltung" sowie „Technische Forschung und Entwicklung" vorzufinden. Doch gibt es auch Berufsfelder, die auf **Ausbildungsinteressierten** eine große **Anziehungskraft** ausüben. Aus diesem Grund **übersteigt** in diesen Berufen, die Bewerberzahl die des Lehrstellenangebotes und sorgt damit zur **Unterversorgung** der Ausbildungsinteressierten. *Tabelle 14* liefert dazu einen Überblick. Beispielsweise kann aus der Tabelle abgelesen werde, dass auf eine Ausbildungsstelle in der **Haus- und Zootierpflege** im

---

[409] Vgl. Bußmann, S. et al. (2015), S. 18f.

[410] Der Anteil an unbesetzten Lehrstellenangeboten, lag in diesen Berufen im Jahr 2011 noch bei 7,8 Prozent und ist im Jahr 2014 bereits auf 16,1 Prozent gestiegen (siehe Abbildung 31).

Ausbildungsjahr 2011/2012 mehr als 14 BewerberInnen kamen. Im Ausbildungsjahr 2014, ist der Wert auf 16,2 gestiegen.[411]

Berufsgattung	Bewerber-Stellen-Relation 2012/2013	Engpassrelation März 2014
Haus-, Zootierpflege – Fachkraft	14,1	16,2
Bild- und Tontechnik – Fachkraft	8,7	52,8
Visuelles Marketing – Fachkraft	7,2	6,7
Fotografie – Fachkraft	5,3	8,6
Veranstaltungsservice, -management-Fachkraft	5,1	11,0
Tiermedizinische Fachangestellte – Fachkraft	4,6	4,4
Immobilienvermarktung, -verwaltung – Fachkraft	4,2	4,8
Pferdewirtschaft-Reiten – Fachkraft	4,1	5,9
Sport-,Fitnesskaufleute, Sportmanagement – Fachkraft	4,0	8,5
Kosmetik – Fachkraft	4,0	6,4

Tabelle 14: Berufsgattungen im dualen System mit der höchsten Bewerber-Stellen-Relation Bewerber-Stellen-Relation in Ausbildungsberufen mit mindestens 100 Ausbildungsstellen (Quelle: Bußmann, S./Flake, R./ Seyda, S. (2014), S. 14).

Engpässe nach Wirtschaftszweigen:

Auch für **Ausbildungsbetriebe** einzelner **Wirtschaftsbereiche** ergeben sich unterschiedliche **Ausgangsbedingungen**, hinsichtlich ihrer Suche nach passenden Ausbildungsstellenbewerbern. *Abbildung 32* liefert dazu Hinweise. Im Jahr 2014 waren die **Bereiche** Landwirtschaft/Bergbau, das Beherbergungs- und Gastronomiegewerbe sowie die Bauwirtschaft und der Einzelhandel **am stärksten betroffen**. In den genannten **Wirtschaftsbereichen** konnten nicht alle offenen Lehrstellen besetzt werden. Der Anteil an **unbesetzten Lehrstellen** schwankte hier durchschnittlich zwischen 30 bis 47 Prozent. Überwiegend **verschlechterten** sich in diesen Wirtschaftsbereichen die **Besetzungsprobleme** von Ausbildungsstellen im **Vergleich zum Vorjahr**.[412]

Unternehmen, die den **Bereichen** Forschung und Entwicklung und den unternehmensnahe Dienstleistungen zuzuordnen sind, waren **am wenigsten** von

---

[411] Vgl. Bußmann, S./Flake, R./ Seyda, S. (2014), S. 14.

[412] Vgl. Troltsch, K./BIBB (Hrsg.) (13.10.2015), https://www.bibb.de/de/35374.php.

den Stellenbesetzungsproblemen betroffenen. In den **übrigen Wirtschaftsbe-**
reichen schwankten die **Vakanzanteile**[413] zwischen 20 und 30 Prozent.[414]

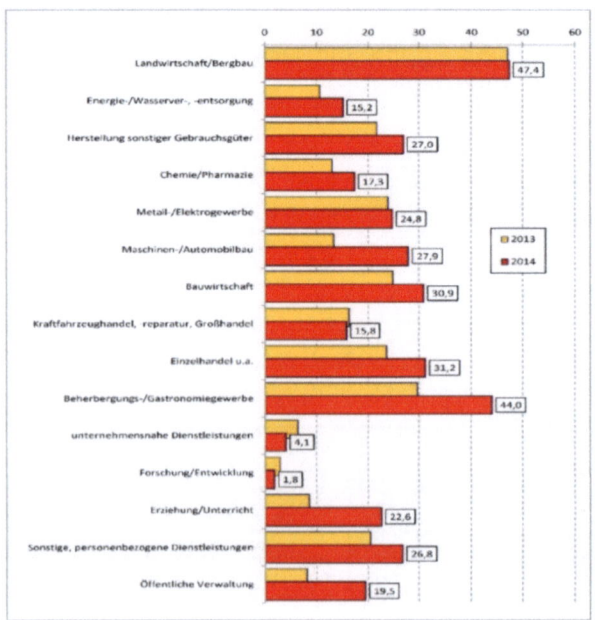

Abbildung 32: Durchschnittlicher Anteil an unbesetzten Ausbildungsplätzen am Gesamtangebot an Ausbildungsstellen in Ausbildungsbetrieben nach Wirtschaftsbereichen in den Jahren
2013 und 2014 (in %) (Quelle: BIBB-Qualifizierungspanel; Erhebungswellen 2013 und 2014;
gewichtete Ergebnisse).[415]

Regionale Engpässe:

Die Betrachtung von **regionalen Engpässen** unterstützt Unternehmen einzu-
schätzen, wie sich die **Ausbildungsmarktsituation** in ihrer Region entwickelt,
bzw. in welche Richtung sie sich zukünftig entwickeln wird. Zudem kann der
Blick auf die regionale Entwicklung des Ausbildungsmarktes, ein bedeutsamer
Indikator sein, wenn es darum geht die eigene **Position im Wettbewerb**, um
die besten Lehrstellenbewerber zu beurteilen.

Mit Blick auf die **betriebliche Berufsausbildung**, haben Unternehmen im
Osten Deutschlands am stärksten zu kämpfen. Hier liegt der Anteil von
Unternehmen mit unbesetzten Ausbildungsstellen mit 61,6 Prozent **überdurch-**

---

[413] Vakanzraten beschreiben die Relation aus sofort zu besetzenden Stellen und sozialversiche-
rungspflichtig Beschäftigten. Vgl. Czepek, J. et al. (2015), S. 3.

[414] Vgl. Troltsch, K./BIBB (Hrsg.) (13.10.2015), https://www.bibb.de/de/35374.php.

[415] Troltsch, K./BIBB (Hrsg.) (13.10.2015), https://www.bibb.de/de/35374.php.

schnittlich hoch, während in den **alten Bundesländern** der Anteil mit 38, 2 Prozent deutlich niedrigerer ausfällt.[416] Dabei hatten Unternehmen in **Mecklenburg-Vorpommern** die größten Probleme bei der Stellenbesetzung offener Ausbildungsplätze. Hier blieben knapp 14 Prozent aller Ausbildungsplätze frei.[417] Starke **Passungsprobleme** können jedoch auch in **Süddeutschland** beobachtet werden. Hier liegt **Bayern** mit einem Anteil von 9,9 Prozent und **Baden-Württemberg** mit einem Anteil von 7,5 Prozent, an unbesetzten Ausbildungsstellen, im Ausbildungsjahr 2014 überdurschnittlich weit vorne.[418]

Abbildung 33 repräsentiert Ergebnissen zur **regionalen Entwicklung** von Ausbildung und Beschäftigung nach deutschen Bundesländern. Die Abbildung zeigt dass die **Rückgänge der betrieblichen Ausbildung** in Deutschland, insbesondere durch die starken Rückgänge in den **neuen Bundesländern** begründet werden können.[419] Da die Folgen der **demografischen Entwicklung** in **Ostdeutschland** bereits stärker zu spüren sind. In den Ostdeutschen Bundesländern (u. a. Mecklenburg-Vorpommern, Brandenburg, Thüringen) sind die **Schulabgängerzahlen** in den letzten Jahren stark **rückläufig** und das wirkt sich auf die Anzahl der **Ausbildungsplatznachfrager** aus, die zur Verfügung stehen. [420] So haben fast alle **ostdeutschen Bundesländer** ausschließlich Berlin, mehr als ein Drittel (seit 2007 insgesamt 132.000) ihrer **Auszubildendenbestände** verloren. Hingegen haben sich die Auszubildendenbestände in den **westlichen Bundesländer** Deutschlands um 2 Prozent (ca. 30.000) reduziert.[421]

Indikatoren für hohe **Vakanzanteile** können jedoch nicht allein durch quantitative Kriterien (Anzahl der Bewerber auf eine Ausbildungsstelle) erklärt werden. Qualitative Aspekte, wie etwa nicht ausreichende Schulleistungen der Bewerber, können ebenfalls Passungsprobleme verursachen.[422]

---

[416] Vgl. BIBB Datenreport zum Berufsbildungsbericht (2016), S. 221.

[417] Vgl. Bußmann, S. (2015), S. 19.

[418] Vgl. Bußmann, S. (2015), S. 19.

[419] Vgl. BIBB Datenreport zum Berufsbildungsbericht (2015b), S. 404f.

[420] Vgl. Bußmann, A. (2015), S. 19.

[421] Vgl. BIBB Datenreport zum Berufsbildungsbericht (2015b), S. 405.

[422] Vgl. Troltsch, K. (13.10.2015), https://www.bibb.de/de/35374.php.

Bundesland	angebotene Ausbildungsplätze	unbesetzte Ausbildungsplätze	Anteil unbesetzter Ausbildungsplätze in Prozent
Mecklenburg-Vorpommern	9.066	1.251	13,8
Brandenburg	11.550	1.311	11,4
Thüringen	11.559	1.227	10,6
Bayern	101.943	10.131	9,9
Sachsen	19.617	1.542	7,9
Baden-Württemberg	79.098	5.904	7,5
Saarland	7.809	492	6,3
Sachsen-Anhalt	11.709	684	5,8
Niedersachsen	58.983	3.168	5,4
Hessen	40.026	2.139	5,3
Rheinland-Pfalz	28.026	1.476	5,3
Schleswig-Holstein	20.877	1.080	5,2
Nordrhein-Westfalen	122.682	5.286	4,3
Berlin	16.482	642	3,9
Hamburg	13.884	483	3,5
Bremen	5.937	204	3,4
Bundesweit	559.332	37.101	6,6

Quellen: BA, 2015, Sonderauswertungen; BIBB, 2015b; eigene Berechnungen

Abbildung 33: Anteil unbesetzter Ausbildungsplätze nach Bundesland im Ausbildungsjahr 2014 (Quelle: Bußmann, S. et al. (2015), S. 20).

4.6.3 Ursachen für gegenwärtige Rekrutierungsprobleme von Auszubildenden sowie Ableitung von Handlungsfeldern

Ebenso interessant wie die Ergebnisse aus der Engpassanalyse des vorherigen Kapitels, ist es nach den **Ursachen** zu forschen, die für die **Stellenbesetzungsprobleme** verantwortlich sind. In der Regel machen sich **Fachkräfteengpässe** in Unternehmen vor allem in Form von **Rekrutierungsschwierigkeiten** bemerkbar. Entweder erhalten die Unternehmen keine oder wenige Bewerbungen auf ihre ausgeschriebenen Stellen oder die Bewerber verfügen nicht über die gewünschten, bzw. benötigten **Qualifikationen**.[423] Vor diesem Hintergrund stellt sich in diesem Kapitel, insbesondere die Frage aus welchen **Gründen** offene **Ausbildungsstellenangebote** nicht besetzt werden können.

In der Theorie unterscheidet man unter vier Arten von Passungsproblemen (Missmatch). Nachfolgend erfolgt eine knappe Darstellung der vier Typen.[424]

1. **Regionale Passungsprobleme**
   → Hierbei fallen Angebot und Nachfrage aufgrund von örtlicher Bewerberzusammensetzung nicht zusammen. Dies kann u. a. an einer ge-

---

[423] Vgl. Bußmann, S./Flake, R./ Seyda, S. (2014), S. 4.
[424] Vgl. Gericke, N./Krupp, T./Troltsch, K. (2009), S. 2.

ringen Mobilitätsbereitschaft der Lehrstelleninteressierten oder an unattraktive Standortfaktoren (z. B. zu ländlich) liegen.

2. **Berufs- bzw. Wirtschaftsbereichsbezogene Passungsprobleme**

   → Nicht immer finden Berufswünsche der Lehrstellenbewerber und Lehrstellenangebot der Betriebe zueinander. Einige Berufe und/oder Branchen haben auf Bewerber eine geringe Anziehungskraft u. a. aufgrund unattraktiver Arbeitsbedingungen (z. B. bezgl. der Arbeitszeit).[425]

3. **Qualifikatorische Passungsprobleme**

   → Andererseits beklagen Unternehmen die mangelnde Ausbildungsreife der Bewerber. Konsequenterweise lehnen Betriebe, Bewerber aufgrund von Qualifikationsdefiziten ab, dies führt wiederum zu Versorgungsproblemen der Lehrstellenbewerber.[426]

4. **Informationsbezogene Passungsprobleme**

   → Lehrstellenbewerber und Betriebe verfügen über unzureichende Informationen über einander. Dadurch kommt es zu Informationsdefiziten und voreingenommenen Einstellungen, die wiederum das Verhalten beider Akteure beeinflussen. Hier könnten Unternehmen durch eine Intensivierung ihrer Kommunikationspolitik und einer höheren Kooperationsbereitschaft z. B. mit Schulen Abhilfe schaffen.[427] Berufsorientierungs- und Berufsvorbereitungskurse sowie selbstständige Recherchearbeiten über Unternehmen und verschieden Berufsbildern, könnte dabei helfen Informationsdefizite der Lehrstelleninteressierten auszugleichen.

Nachfolgend erfolgt die **Ursachenanalyse für Passungsprobleme** in mittelständischen Unternehmen aus **Unternehmenssicht**. Die Grundlage der Ergebnisse bilden diverse Studien und Unternehmensumfragen.[428] *Tabelle 15* zeigt Ursachen für **Rekrutierungsschwierigkeiten aus Unternehmenssicht** bzw.

---

[425] Vgl. Bußmann, S./Flake, R./ Seyda, S. (2014), S. 14; sowie Vgl. Gericke, N./Krupp, T./Troltsch, K. (2009), S. 2.

[426] Vgl. Christophori, B. (2016), S. 93f.; sowie Vgl. Gericke, N./Krupp, T./Troltsch, K. (2009), S. 2; sowie Bußmann, S./Flake, R./ Seyda, S. (2014), S. 14.

[427] Vgl. Christophori, B. (2016), S. 94; sowie Gericke, N./Krupp, T./Troltsch, K. (2009), S. 2.

[428] Die Ergebnisse wurden u. a. auf Grundlage folgender Studien und Literatur abgeleitet: Czepek, J. et al. (2015), S. 4ff.; sowie Cordes, A. (2016), S. 5ff; sowie DIHK-Onlineumfrageergebniss (2015); sowie Christophori, B. (2016), S. 89ff; sowie Matthes, S. et al. (2014).

auf Betriebsebene. Die Ursachen, bzw. Gründe sind den entsprechenden **Arten von Passungsproblemen** zugeordnet. Der Autor hat diese jedoch um eine **fünfte Kategorie**, der organisationsspezifischen sowie größenspezifischen Ebene mittelständischer Unternehmen, bzw. KMU ergänzend.[429] Nach der Nennung möglicher Ursachen, bzw. Gründe für Passungsprobleme auf dem Ausbildungs-markt, folgt die Ableitung von **Handlungsempfehlungen**. Dabei ist anzumerken, dass die im folgenden vorgestellten Ursachen für Passungsprobleme und abgelei-teten **Lösungsansätze**, keinen bis ins Detail ausgearbeiteten Maßnahmenplan liefern, vielmehr soll dadurch die Vielfalt möglicher **Ansätze** aufgezeigt werden, mit dem **Ziel** Passungsprobleme zu reduzieren und die Zufriedenheit der Ausbil-dungsplatznachfrager und Ausbildungsplatzanbieter zu steigern.

Ursachen, bzw. Gründe und Lösungsansätze	Art des Missmatch[430]				
	R	B	Q	I	O
Unternehmen beklagen die Zunahme **mangelnder Ausbildungsreife** der Bewerber. Dies drückt sich u. a. dadurch aus, dass Bewerber nicht die gewünschten **Anforderungen** der Unternehmen, hinsichtlich ihrer **schulischen Qualifikationen** oder sozialen Kompetenzen erfüllen.[431]			✕		
▪ Kooperation mit Schulen und Berufsschulen intensivieren ▪ Nachqualifizierungsangebote i. v. m. externen Förderangeboten z. B. die seit dem 1. Mai 2015 gesetzlich verankerte assistierte Berufsausbildung.[432] ▪ Schülerpraktika bieten beide Seiten die Möglichkeit sich besser kennenlernen. Zudem kann der Lehrstellen-interessierte herausfinden, ob seine Fähigkeiten und Stärken sowie Interessen zum Berufsbild passen. ▪ Alternative Zielgruppen anvisieren (z. B. Junge Eltern, Ältere, Jugendliche mit Migrationshintergrund)					
Aus Sicht der Unternehmen gibt es eine zu **geringe Anzahl** an Bewerbern für das **gesuchte Berufsbild**.[433] Dies liegt mitunter an vereinzelnd **unattraktive Branchen** und **Berufsfelder** für Bewerber u. a. durch unattraktive Arbeitsbedingungen (z. B. Arbeitszeit, Entlohnung, Entwicklungsperspektiven).[434]	✕		✕		
▪ Attraktivität der Berufe und/oder Branchen steigern (Imagekampagne) ▪ Azubi-Videos und/oder Fotos auf der Unternehmenswebseite präsentieren ▪ Informationsdefizite ausgleichen (u. a. auch durch Unterstützung von Berufsberatungsangeboten)					
Eine **kurzfristige Personalplanung** der kleinen und mittleren Unternehmen.					✕
▪ Personalplanungsinstrumente einsetzten um den zukünftigen Personalbedarf zu bestimmen ▪ Berufsperspektiven der Auszubildende transparent gestalten und kommunizieren					
KMU nutzen weniger geeignete, oder ein geringeres Spektrum an **Personalsuchstrategien**.					✕
▪ Personalsuchstrategien den entsprechenden Zielgruppen anpassen ▪ verschiedene Rekrutierungswege nutzen, wie etwa Internetstellenbörsen (z. B. „www.ihk-lehrstellenbörse.de"), Zusammenarbeit mit der Arbeitsagentur für Arbeit oder der IHK					

---

[429] Die Grundlage bilden organisationsspezifische Faktoren mittelständischer Unternehmen, die in Kapitel 3 herausgearbeitet wurden.

[430] R: Regionaler Mismatch/ B: Beruflicher Mismatch/ Q: Qualifikationsmismatch/ I: Informati-onsmismatch/ O: organisationale bzw. strategische Probleme.

[431] Vgl. DIHK-Onlineumfrageergebniss (2015), S. 17.

[432] Vgl. Bußmann, S. et al. (2015), S. 30.

[433] Vgl. Pahnke, A./Icks, I./Kay, R. (2013), S. 32f.

[434] Vgl. Pahnke, A./Icks, I./Kay, R. (2013), S. 32f.

intensivieren, persönliche Kontaktaufnahme, z. B. durch Schülerpraktikumsangebote oder Ausbildungsmessen, Nutzung Soziale Medien z. B. Xing, attraktiv gestaltete Unternehmenswebseite (bietet u. a. auch die Möglichkeit Stellenangebote nahezu kostenfrei zu veröffentlichen.)					
Informationsdefizite[435]: mittelständische Unternehmen verfügen **häufig** über eine **unzureichende** und meist regional begrenzte **Bekanntheit**. Zudem verfügen die Lehrstelleninteressierte, häufig über unzureichende Informationen über die **Beschäftigungsperspektiven** in mittelständischen Unternehmen.[436]				✕	

- Attraktive Arbeitgeberpositionierung: Arbeitgeberblogs, Bewertungsportale, Unternehmenswebseite, Zeitungsartikeln, Wettbewerbe, Messen
- Unternehmenswerte und Unternehmenskultur transparent gestalten, z. B. auch über soziales Engagement reden und veröffentlichen
- Entwicklungsperspektiven im und außerhalb des Unternehmens transparent gestalten

Ursachen, bzw. Gründe und Lösungsansätze	Art des Missmatch[437]				
	R	B	Q	I	O
KMU haben aus Bewerbersicht **unattraktivere Arbeitsbedingungen**, als Großunternehmen (z. B. geringere Entlohnung, unattraktive Standortfaktoren, unsichere **Übernahmequote** nach der Ausbildung). Deshalb erhalten KMU, tendenziell eine **geringe Anzahl an Bewerbungen**, als Großbetriebe. Das hat wiederum Auswirkungen auf die Anzahl an **geeigneten Bewerbern**, die ebenfalls in KMU deutlich geringer ist als in Großbetrieben[438]			✕	✕	

- Benefits anbieten, z. B. Unterstütung bei der Wohnungssuche, Fahrkartenzuschuss, positives Betriebsklima
- Bonuszahlung/ Anerkennung für besonderer Leistungen der Auszubildenden

Es stehen **weniger Schulabgänger** mit **Haupt**- oder **Realabschluss** zur Verfügung und gerade diese Schüler entscheiden sich mehrheitlich für eine betriebliche Ausbildung. Während Abiturienten eher ein Studium anstreben oder sich für alternative Bildungswege entscheiden.[439]		✕	✕		

- Duales Ausbildungsangebot ausweiten
- Weiterbildungsmaßnahmen oder Weiterentwicklungsmöglichkeiten für Leitungspositionen anbieten
- Alternative Zielgruppen in betracht ziehen

Geringere Mobilitätsbereitschaft von Schulabgängern: laut Umfrageergebnisse sind zwar knapp **80 Prozent** der Schulabgänger bereit für ihre Ausbildung den Wohnort zu wechseln, jedoch bewerben sich in der **Realität** nur 12 Prozent **überregional** und 6 Prozent beginnen tatsächlich eine Ausbildung in einer anderen Region.[440]	✕				

- Unterstützung bei der Wohnungssuche
- Netzwerke und Freizeitangebot für Jugendliche in der Region ausweiten

Mittelständische Unternehmen verfügen i. d. R. über **keine eigene Ausbildungsabteilung**, deshalb übernehmen Facharbeiter oder der Inhaber selbst, die Ausbildungsorganisation und Betreuung der Auszubildenden.[441]					✕

- Es gibt relativ kostenneutrale Angebote, seitens der Bundesregierung, den berufsständischen Kammern, der Bundesagentur für Arbeit und den Jobcentern, die den Unternehmen zur Unterstützung zur Verfügung stehen.
- Vorhandene Qualifikationsdefizite von Ausbildungsverantwortlichen können dadurch ausgeglichen werden.[442]

Tabelle 15: Ursachen für Passungsprobleme aus Unternehmenssicht und Lösungsansätze (Quelle: eigene Darstellung).

---

[435] Beispielsweise nutzen interessierte Bewerber, die Unternehmenseigene Homepage zur aufsuche von Stellenangeboten in drei Viertel (75 Prozent) aller Fälle von Großbetrieben auf, während sie die von Kleinbetrieben nur zu 19 Prozent aufsuchen. (Darin wird die geringere Außenwirkung von Kleinbetrieben nochmals deutlich). Vgl. Cordes, A. (2016), S. 5.

[436] Vgl. Cordes, A. (2016), S. 5.

[437] R: Regionaler Mismatch/ B: Beruflicher Mismatch/ Q: Qualifikationsmismatch/ I: Informationsmismatch/ O: organisationale bzw. strategische Probleme.

[438] Vgl. Czepek, J. et al. (2015), S. 5.

[439] Vgl. Bußmann, S. et al. (2015), S. 17.

[440] Vgl. BMWi (September 2015): http://www.bmwi.de/DE/Themen/ausbildung-und-beruf,did=220286.html.

[441] Vgl. Christophori, B. (2016), S. 273.

[442] Vgl. Christophori, B. (2016), S. 273.

5. Zusammenfassung der zentralen Ergebnisse und Ausblick

Mit der vorliegenden Untersuchung steht in erster Linie ein **Werkzeug** zur Verfügung, anhand dessen sich Unternehmensentscheider und Personaler, einen ersten Überblick über aktuelle **Trends** der Personalpolitik verschaffen können. Der Fokus liegt in der Studie auf die Rekrutierung von Auszubildenden und gibt Antworten auf die Frage wie die HR-Megatrends den mittelständischen **Personalbeschaffungsprozess** beeinflussen und zukünftig weiterhin stark verändern werden. Zudem betrachtet der Autor essenzielle **Einflussfaktoren** der betrieblichen Ausbildungsentscheidung und liefert wichtige Erkenntnisse über die wettbewerbsfähige Gestaltung mittelständischer Personalkonzepte. Die vorliegenden **Ergebnisse** sparen Beratungsaufwand und geben inspirierende Impulse, wie der Rekrutierungsprozesswettbewerbsfähig gestaltet werden kann.

Es konnte festgestellt werden, dass der **Auszubildendenmangel** nicht nur durch die **sinkenden Schulabgängerzahlen** verursacht wird, sondern auch durch die **gestiegenen Anforderungen** an Lehrstellenbewerber sowie der **erhöhten Studierneigung** der Nachwuchsgeneration. Aus Sicht der **Ausbildungsbetriebe**, liegt das **Hauptproblem** für die Rekrutierungsprobleme, jedoch hauptsächlich in der **mangelnden Ausbildungsreife** der Lehrstellenbewerber.

Durch die **Alterung der Bevölkerung**, der höheren Studierneigung der jüngeren Generation sowie das gestiegene Interesse an alternativen Bildungswegen wird sich die **Qualifikationsstruktur** der erwerbsfähigen Bevölkerung weiterhin stark verändern.

Es wurden mögliche Ursachen und Gründe für **Passungsprobleme** aufgezeigt und sichtbar, dass diese sehr **vielfältig** sein können. Deshalb muss jedes Unternehmen **individuell** eine **Ursachenanalyse** für Stellenbesetzungsprobleme durchführen, damit geeignete **Maßnahmen** entwickelt werden können. Die Ergebnisse der vorliegenden Arbeit bieten dennoch erste **Anhaltspunkte** und Anregungen für weitere **Forschungsfelder**.

Die Erschließung neuer **Zielgruppenpotenziale** sowie die Ausweitung des innerbetrieblichen **Betreuungs- und Qualifizierungsangebots** bietet eine wettbewerbsfähige Lösungsstrategie zur langfristigen **Fachkräftesicherung**. Für mittelständische Unternehmen bedeutet das, sich auf eine zunehmende **Heterogenität** der Lehrstellenbewerber einzustellen und entsprechend Vorbereitungen zu treffen (siehe Kap. 4). Dabei sollten mittelständische Unternehmen ihren **Rekrutierungsprozess modernisieren** und den entsprechenden Zielgruppen anpassen.

Der Autor hat aufgezeigt, dass **mittelständische Unternehmen** durch die Herausbildung spezifischer Organisationsstrukturen, ihrer eigenen Logik unterliegen. Durch die Analyse organisationsspezifischer **Stärken** und **Schwächen** insbesondere mit dem **Fokus** auf die Auswirkungen der mittelständischen Personalpolitik, konnte aufgezeigt werden, wie der **Rekrutierungsprozess** in mittelständischen Unternehmen **wettbewerbsfähig** gestaltet werden kann.

Gleichzeitig orientieren sich die abgeleiteten **Lösungsansätze**, an die in **Zukunft** zu erwartenden personalpolitischen Herausforderungen von **mittelständischen Unternehmen**, unter Berücksichtigung der spezifischen und besonderen **Rahmenbedingungen**, die für diese Unternehmenstypen kennzeichnend sind. Insbesondere bieten die Ergebnisse der vorliegenden Arbeit **Lösungsstrategien** für Unternehmen, die über kein institutionalisiertes Personalmanagement verfügen.

In wenigen Studien wurde bisher untersucht, ob ein **institutionalisiertes Personalwesens** in mittelständischen Unternehmen notwendig ist, um die Strukturen und Prozesse der **mittelständischen Personalpolitik** effizient und professionell zu gestalten oder welche Möglichkeiten sich für mittelständische Unternehmen als vorteilhafter herausstellen. Angesicht einer zunehmenden digitalisierten und **virtualisierten Arbeitswelt** (virtuelle Projektteams, Home-Office Lösungen, blended-learning[443]) ist der Autor der Ansicht, dass mittelständische Unternehmen durch ihre tendenziell flachen Hierarchien einen erheblichen Wettbewerbsvorteil haben, den sie auch als solchen begreifen und strategisch einsetzten sollten.

---

[443] „Bezeichnet Lehr- bzw. Lernkonzepte, die traditionelle Formen der Weiterbildung und den Einsatz virtuellen Lernens (E-Learning) miteinander verbinden." Personalwirtschaft (o.J.): https://www.personalwirtschaft.de/produkte/hr-lexikon/eintrag/1524.html .

Abschließend kann festgehalten werden, dass es auf diesem Gebiet noch einiges an **offenen Fragen** zu klären gibt. Insbesondere ist es interessant zu erfahren, wie sich die neu Entstandenen **Trends der Arbeitswelt** und die noch Entstehenden weiterhin auf die Gestaltung der betrieblichen Personalpolitik auswirken und inwiefern sich die Organisationsstrukturen der Unternehmen dadurch **verändern** werden.

Literaturverzeichnis

Bögenhold, D. (2000): Kleine und mittlere Unternehmen im Strukturwandel: Arbeitsmarkt und Strukturpolitik, Strukturwandel und Strukturpolitik Band 2, Elsner, W. (Hrsg.), Frankfurt am Main u. a.: Peter Lang Europäischer Verlag der Wissenschaften.

Bröckermann, R./Pepels, W. (2002): Handbuch Recruitment: Die neuen Wege moderner Personalakquisition Planung, Beschaffungswege, Auswahlverfahren, Beiträge aus Forschung und Praxis, Berlin: Cornelsen.

Astrachan, J.; Klein, S.; Smyrnios, K. (2002): The F-PEC scale of family influence: A proposal for solving the Family Business definition problem, in: Family Business Review, 15. Jg., Nr. 3, S. 45–58.

Adenauer, S./Schauer, J./Bursee, M./Deller, J./Lennings, F./Mühlbradt, T./Neuhaus, R./Olesch, G./Schat, H. D./Schawilye, R./Seitz, C./Waszak, A. (2005): Demografische Analyse und Strategieentwicklung in Unternehmen, Institut für angewandte Arbeitswissenschaften e. V. (Hrsg.), Köln: Wirtschaftsverlag Bachem, 2005.

Buck, H./Weidenhöfer, J. (2006): Betriebliche Personalpolitik – Demografische Herausforderungen bewerten und annehmen. *In: Prager, J. U./Schleiter, A. (Hrsg.) (2006): Länger leben, arbeiten und sich engagieren. Chancen wertschaffender Beschäftigung bis ins Alter. Gütersloh: Bertelsmann Stiftung.*

Alfes, K. (2009): Einfluss der Kompetenzen von Personalverantwortlichen auf die strategische Rolle der Personalabteilung. München u. Mering: Rainer Hampp Verlag.

Berthold, F. (2010). Familienunternehmen im Spannungsfeld zwischen Wachstum und Finanzierung: Schriftenreihe zu Familienunternehmen Band 4, Herausgegeben vom Wittener Institut für Familienunternehmen, Lohmar Köln: Eul.

Becker, M. (2010): Personalwirtschaft. Lehrbuch für Studium und Praxis. Stuttgart: Schäffer Poeschel.

Becker, W./Ulrich, P. (2011): Mittelstand und Mittelstandsforschung Mittelstandsforschung Begriffe, Relevanz und Konsequenzen, Taschenbuch, Stuttgart: W. Kohlhammer.

Brücker, H./Klinger, S./Möller, J./Walwei, U. (Hrsg.) (2012): Handbuch Arbeitsmarkt 2013: Analysen, Daten, Fakten, Herausgeber der Reihe IAB-Bibliothek: Institut für Arbeitsmarkt und Berufsforschung der Bundesagentur für Arbeit, Bielefeld: Bertelsmann.

Bormann, K.C. (2013): Strategisches HRM. *In:* Rowold, J. (2013): Human Resource Management. Lehrbuch für Bachelor und Master. Berlin u. a.: Springer. DOI 10.1007/978-3-642-39152-1

Becker, W. /Krämer, J. /Ulrich, P. (2013): Typologie mittelständischer Unternehmen. Einflussfaktoren auf die Geschäftsmodelle des Mittelstands. *In:* Zeitschrift Führung + Organisation (zfo), 82. Jg. (2013), Heft 5, S.348-353.

Burkhard, R. (2013): Begriff des Mittelstands – rechtliche Wiederspiegelung. *In*: Zdrowomyslaw, N. (Hrsg.): Grundzüge des Mittelstandsmanagements: Vom Erkennen zum Nutzen unternehmerischer Chancen, Gernsbach: Deutscher Betriebswirte Verlag GmbH, 2013.

Buttenberg, K. (2013). Direktansprache von Spitzenkräften: Expertenwissen für Entscheider, Norderstedt: Books on Demand

Beck, C./Dietl, S.F. (2014): Ausbildungsmarketing 2.0. Die Fachkräfte von morgen ansprechen, gewinnen und binden. Köln: Wolters Kluwer.

BIBB (Bundesinstitut für Berufsbildung Bonn) (Hrsg.) (2015b): Datenreport zum Berufsbildungsbericht 2015: Informationen und Analysen zur Entwicklung der beruflichen Bildung, Bielefeld: W. Bertelsmann Verlag.

Brand, A./Lachmann, B./Schubert, A. (2015a). Arbeitgeberattraktivität im demografischen Wandel. *In*: Langhoff, T./Bornewasser, M./Heidling, E./Kriegesmann, B./Falkenstein, M. (Hrsg.): Innovationskompetenz im demografischen Wandel: Konzepte und Lösungen für die unternehmerische Praxis, Wiesbaden: Springer Gabler, 2015.

Brand, A./ Langhoff, T./ Rosetti, K./ Schubert, A. (2015b). Good Practice: Entwicklung und Implementierung einer Arbeitgeberpositionierung. *In*: Jeschke, S./Richert, A./Hees, F./Jooß, C. (Hrsg.): Exploring Demographics: Transdisziplinäre Perspektiven zur Innovationsfähigkeit im demografischen Wandel, Wiesbaden: Springe Spektrum, 2015.

Claaßen, N. (2008). Handbuch des Personalmanagements in kleinen und mittleren Unternehmen. Bremen: CT Salzwasser-Verl.

Christophori, B. (2016): Externes Ausbildungsmanagement Dienstleistungen zur Sicherung des Fachkräfte- und Personalbedarfs der Zukunft. Wiesbaden: Springer Gabler Fachmedien: 2016 (zugleich Dissertation Universität Hamburg, 2015) DOI 10.1007/978-3-658-12359-8

DGFP e. V. (Hrsg.) (2006): Erfolgsorientiertes Personalmarketing in der Praxis. Konzept, Instrumente, Praxisbeispiele. Bielefeld: Bertelsmann.

Drumm, H. J. (2008). Personalwirtschaft. 6. Aufl., Berlin, u.a.: Springer, 2008.

Dömötör, Rudolf (2011). Erfolgsfaktoren der Innovativität von kleinen und mittleren Unternehmen. Wiesbaden: Gabler. **DOI** 10.1007/978-3-8349-6552-3.

Elsik, W./Mayrhofer, W. (1999): Strategische Personalpolitik, Rainer Hampp Verlag.

Fischer, C./Nissen, D./Ott, I./Schöning, S. (2003): Fokus Mittelstand: Einzelaspekte der Mittelstandsforschung, Frankfurt am Main u.a.: Peter Lang Verlag Europäischer Verlag der Wissenschaften.

Fink, A./Siebe, A. (2006): Handbuch Zukunftsmanagement: Werkzeugemder strategischen Planung und Früherkennung, Frankfurt, New York: Campus, 2006.

Felser, G. (2010):Personalmarketing. Praxis der Personalpsychologie. Human Resource Management kompakt, Band 21. Göttingen u. a.: Hogrefe.

Fischer, D. (2012): Strategiefähigkeit und Kampagnenführung von Unternehmerverbänden: Interessenvertretung am Beispiel des Verbandes die Familienunternehmer – ASU, Wiesbaden: Springer, 2012 (Zugleich Dissertation Freie Universität Berlin, 2011).

Friederichs, T. (2012): Die besten Mitarbeiter gewinnen. Eine neue Recruitingkultur implementieren und umsetzen, Freiburg, München: Haufe.

Foscht, T./Swoboda, B./Schramm – Klein, H. (2015): Käuferverhalten. Grundlagen – Perspektiven – Anwendungen, 5. Aufl., Wiesbaden: Springer.

Fust, A./Fueglistaller, U. (2016): KMU und Innovationen: der Einfluss des Unternehmers. *In:* Hoffmann, C. P./Lennerts, S./Schmitz, C./Stölzle, W./Uebernickel, F. (Hrsg.) (2016): Business Innovation: Das St. Galler Modell. Business Innovation Universität St. Gallen Profilbereich Business Innovation. Wiesbaden: Springer Gabler. **DOI** 10.1007/978-3-658-07167-7

Gantzel, K.J. (1962): Wesen und Begriff der mittelständischen Unternehmung, Abhandlungen zur Mittelstandsforschung Band 4, Köln: Westdeutscher Verlag, 1962.

Greinert. (1997). Das duale System der Berufsausbildung in der Bundesrepublik Deutschland: Struktur und Funktion, 2. Aufl, Stuttgart: Holland und Josenhans.

Gersick, K.E. (Hrsg.)/Davis, J. A./Hampton-Mc Collom, M./Lansberg, I./Gersik, K. E. (1997): Generation to Generation: Life Cycles of the Family Business, Harvard Business Review Press.

Gans, P. (2011): Bevölkerung: Geschichte - Struktur – Entwicklung, Darmstadt: Wissenschaftliche Buchgesellschaft.

Garrel, J. Schenk, M, Seidel, H. (2014): Flexibilisierung der Produktionsmaßnahmen und Status Quo. *In:* Schlick, C. M., Moser, K. Schenk, M. (Hrsg.): Flexible Produktionskapazität innovativ managen. Handlungsempfehlungen für die flexible Gestaltung von Produktionssystemen in kleinen und mittleren Unternehmen. Berlin, Heidelberg: Springer, 2014.

Gröneweg, C./Holtmann, D./Kohlmann, M./Wenzel, M./Olejniczak, M. (2015): Demografiefestes Personalmanagement? Eine Bestandsaufnahme aus Sicht der Fortschrittsfähigkeit. *In:* Jeschke, S./Richert, A./Hees, F./Jooß, C. (Hrsg.): Exploring Demographics: Transdisziplinäre Perspektiven zur Innovationsfähigkeit im demografischen Wandel, Wiesbaden: Springer Spektrum, 2015.

Göpfert, Ingrid (2016): Logistik der Zukunft - Logistics for the Future. Wiesbaden: Springer Gabler, 7.Aufl. **DOI** 10.1007/978-3-658-12256-0_1

Hausch, K.T. (2004): Corporate Governance im deutschen Mittelstand: Veränderungen externer Rahmenbedingungen und interner Elemente, Wiesbaden Deutscher Universitätsverlag/GWV Fachverlag, 2004 (zugleich Dissertation Universität Lüneburg, 2003).

Helmrich, R./Zika, G. (Hrsg.) (2010): Beruf und Qualifikation in der Zukunft BIBB-IAB-Modellrechnungen zu den Entwicklungen in Berufsfeldern und Qualifikationen bis 2025, Schriftenreihe des Bundesinstituts für Berufsbildung Bonn (BIBB), Bielefeld: Bertelsmann.

Hauff, S. (2010): Früherkennung im Human Resource Management: Soziokulturelle Entwicklungen und die Antizipierbarkeit von Personalrisiken (Empirische Personal- und Organisationsforschung). Alewell, D./Kabst, R./Martin, A./Matiaske, W./Nienhüser, W./Schramm, F./Weber, W. (Hrsg.) Bd. 44. München und Mering: Rainer Hampp.

Hekman, B./Prager, J.U./Wieland, C. (2010): Berufliche Bildung vor neuen Herausforderungen. *In*: Prager, J.U./Wieland, C. (2010): Duales Ausbildungssystem – Quo vadis? Berufliche Bildung auf neuen Wegen. Verlag Bertelsmann Stiftung, 2007, Gütersloh, 2010, E-Book-Ausgabe (als PDF bestellbar).

Happich, G./Classen, M. (2013): Coaching im Mittelstand – Wer ist der Mittelstand? Wiesbaden: Springer. DOI 10.1007/s11613-013-0334-0

Hausmann, T./Zdrowomyslaw, N. (2013): Bedeutung, Vielfalt und Besonderheiten des Mittelstands, (S. 19 – 34). *In*: Zdrowomyslaw, N. (Hrsg.): Grundzüge des Mittelstandsmanagements: Vom Erkennen zum Nutzen unternehmerischer Chancen, Gernsbach: Deutscher Betriebswirte Verlag GmbH, 2013.

Hamer, E. (2013): Volkswirtschaftliche Bedeutung von Klein- und Mittelbetrieben, (S. 27-54). *In*: Pfohl, H.C. (Hrsg.): Betriebswirtschaftslehre der Mittel- und Kleinbetriebe: Größenspezifische Probleme und Möglichkeiten zu ihrer Lösung, Management und Wirtschaft Praxis, Band 44, 5. Aufl., Berlin: Erich Schmidt Verlag, 2013.

Hamel, W. (2013): Personalwirtschaft, (S. 245 – 274). *In*: Pfohl, H.C. (Hrsg.): Betriebswirtschaftslehre der Mittel- und Kleinbetriebe: Größenspezifische Probleme und Möglichkeiten zu ihrer Lösung, Management und Wirtschaft Praxis, Band 44, 5. Aufl., Berlin: Erich Schmidt Verlag, 2013.

Holtbrügge, D. (2013): Personalmanagement, 5. Aufl., Berlin, Heidelberg: Springer Gabler.

Hucke, M./Füssel, B./Goll, A./Dietl, S. (2013): Generation Y – Wie man die Berufseinsteiger von morgen erreicht. *In*: Stock-Homburg, R. (Hrsg.), Handbuch Strategisches Personalmanagement, 2. Aufl., Wiesbaden: Springer Gabler, S.125-150.

Horx, M. (2014): Das Megatrend-Prinzip: Wie die Welt von morgen entsteht. München: Pantheon Verlag.

Hartmann, M. (2015): Rekrutierung in einer zukunftsorientierten Arbeitswelt. HR-Aufgaben optimal vernetzen. Wiesbaden: Springer Fachmedien. DOI 10.1007/978-3-658-05084-9

Hungenberg, H./Wulf, T. (2015): Grundlagen der Unternehmensführung Einführung für Bachelorstudierende. 5. Aufl., Berlin u. a.: Springer. DOI 10.1007/978-3-662-46997-2

Homuth, V. (2016): Aspekte der Organisations-entwicklung im Kontext der Einführung des Prozess-managements in kleinen und mittleren Unternehmen (KMU). Ableitung von Chancen, Risiken und Erfolgsfaktoren an Praxisbeispielen. Schriftenreihe innovative betriebswirt-schaftliche Forschung und Praxis, Kovac, Dr. Verlag, 2016.

Halder, A. (2016): Innovationsfähigkeit und Entrepreneurial Orientation in Familienunternehmen Der Familieneinfluss und die Rolle des Familienunternehmers. Wiesbaden: Springer Fachmedien (zugleich Dissertation der Zeppelin Universität Friedrichshafen, 2015) DOI 10.1007/978-3-658-11107-6

Immerschitt, W./Stumpf, M. (2014): Employer Branding für KMU. Der Mittelstand als attraktiver Arbeitgeber. Wiesbaden: Springer Fachmedien. DOI 10.1007/978-3-658-01204-5

Jochims, T. (2010): Personalpolitik in mittelständischen Unternehmen. Personalpolitische Konfigurationen und organisationale Dissonanz. Schriftenreihe Empirische Personal- und Organisationsforschung, Band 44. München: Rainer Hampp Verlag, 2010 (zugleich Dissertation, Universität Lüneburg, 2010).

Kornmeier, M. (2008): Wissenschaftlich schreiben leicht gemacht für Bachelor, Master und Dissertation, 5. Aufl. Bern u.a: Haupt, 2008.

Kröhnert, S./Hoßmann, I./Klingholz, R. (2008): Die demografische Zukunft von Europa: wie sich die Regionen verändern, München: Dt. Taschenbuch-Verl, 2008.

Klein, S. B./Jaskiewicz, P./May, P./Schlippe Von, A. (2010). Familienunternehmen: Theoretische und empirische Grundlagen, Band 1 Reihe: Family Business, 3. Aufl., Lohmar Köln: Eul Verlag.

Kauffeld, S. (2011): Arbeits-, Organisations und Personalpsychologie für Bachelor. Heidelberg: Springer Medizin Verlag.

Kirchgeorg, M./Müller, J. (2011): Personalmarketing als Schlüssel zur Gewinnung, bindung, und Wiedergewinnung von Mitarbeitern, S. 65 -81. *In: Stock-Homburg, R./Wolff, B. (2011): Handbuch Strategisches Personalmanagement, Wiesbaden: Gabler, 2011.*

Kornmeier, M. (2012): Wissenschaftlich schreiben leicht gemacht: für Bachelor, Master und Dissertation, 5. Aufl., Bern u.a.: Haupt Verlag.

Klaffke, Martin (Hrsg.) (2014): Generationen-Management. Konzepte, Instrumente, Good-Practice-Ansätze, Wiesbaden: Springer Gabler.

Konschak, B. (2014): Professionelles Personalmarketing: Die richtigen Mitarbeiter für Ihr Unternehmen ansprechen und gewinnen. Freiburg: Haufe.

Krewerth, A./Eberhard, V./ Gei, J. (2014): Orientierung im Ausbildungsdschungel – Wie werden Jugendliche auf Ausbildungsberufe und -stellen aufmerksam?, *In:* Berufsbildung in Wissenschaft und Praxis, Heft 1/2014, S.20-24, Bonn.

Kerth, K./Asum, H./Stich, V. (2015): Die besten Strategietools in der Praxis: Welche Werkzeuge brauche ich wann? Wie wende ich sie an? Wo liegen die Grenzen? 5. Aufl., München: Carl Hanser Verlag.

Kaschny, M./Nolden, M./Schreuder, S. (2015): Innovationsmanagement im Mittelstand: Strategien, Implementierung, Praxisbeispiele. Wiesbaden: Springer Fachmedien. DOI 10.1007/978-3-658-02545-8

Linoff, G.S./Berry, M.J. (2011): Data Mining Techniques: For Marketing, Sales, and Customer Relationship Management, Englisch. 3. Aufl, John Wiley & Sons.

Linde, S.E. (2013): Personalknappheit und nachhaltiges Humanressourcenmanagement. Analyse, Lösungsansätze und Gestaltungsmöglichkeiten. Wiesbaden: Springer (zugleich Dissertation, Universität Bremen, 2012) DOI 10.1007/978-3-658-01090-4

Lehmann, G. (2015): Wissenschaftliche Arbeiten zielwirksam verfassen und präsentieren, Forum Eipos Band 13, 5. Aufl., Renningen: expert Verlag.

Mugler, J. (1998): Betriebswirtschaftslehre der Klein- und Mittelbetriebe, Band 1, 3. Aufl., Wien u. a.: Springer.

Meyer, J. A. (2009): Management-Instrumente in kleinen und mittleren Unternehmen, Lohmar Köln: Eul Verlag.

Meyer, J. A. (2012): Personalmanagement in kleinen und mittleren Unternehmen, Lohmar Köln: Eul Verlag.

Matzler, K./Müller, J./Mooradian Todd A. (2013): Strategisches Management: Konzepte und Methoden, 2. Aufl., Wien: Linde international, 2013.

Mayer, V. (2013): Irrungen und Wirrungen bei Schülern und Unternehmen. *In*: Appel, W./ Michel-Dittgen, B. (Hrsg.) (2013): Digital Natives. Was Personaler über die Generation Y wissen sollten, Wiesbaden: Springer Gabler, 63-78. **DOI**: 10.1007/978-3-658-00543-6

Mertens, R. (2013): VIII. Personalmanagement im Mittelstand, (S. 104 – 118). *In*: Zdrowomyslaw, N. (Hrsg.): Grundzüge des Mittelstandsmanagements: Vom Erkennen zum Nutzen unternehmerischer Chancen, Gernsbach: Deutscher Betriebswirte Verlag GmbH.

Mussnig, W./Mödritscher, G. (2013): Strategien entwickeln und umsetzten: Speziell für kleine und mittlere Unternehmen, 2. Aufl., Wien: Linde International.

Nagel, R./Wimmer, R. (2014): Systematische Strategieentwicklung: Modelle und Instrumente für Berater und Entscheider, 6. Aufl., Stuttgart: Schäffer-Poeschel.

Nerdinger, F. W./Müller, C./Klinger, C. (Hrsg.) (2015): Personalarbeit im demografischen Wandel: Ergebnisse aus dem Verbundprojekt PerDemo, München u. a.: Rainer Hampp Verlag.

Olesch, G. (2016): Teil B Beziehung zwischen Arbeits- und Unternehmenskultur Unternehmenskultur als „Marke" zum wirtschaftlichen Erfolg, S. 117 – 136. *In*: Widuckel, W./ de Molina, K./ Ringlstetter, M.J./ Frey, D. (2016): Arbeitskultur 2020 Herausforderungen und Best Practices der Arbeitswelt der Zukunft. Wiesbaden: Springer Fachmedien, 2015, DOI 10.1007/978-3-658-06092-3

Pepel, W. (2002): Einleitung: was ist Recruitment. *In*: Bröckermann, R./Pepels, W. (2002): Handbuch Recruitment: Die neuen Wege moderner Personalakquisition Planung, Beschaffungswege, Auswahlverfahren, Beiträge aus Forschung und Praxis. Berlin: Cornelsen.

Prager, J. U./Schleiter, A. (Hrsg.) (2006): Länger leben, arbeiten und sich engagieren. Chancen wertschaffender Beschäftigung bis ins Alter. Gütersloh: Bertelsmann Stiftung.

Prexl, L. (2015). Mit digitalen Quellen arbeiten: richtig zitieren aus Datenbanken, E-Books, YouTube und Co, Paderborn: Ferdinand Schöningh.

Rosenstiel von, L./Kirsch, A. (1996): Psychologie der Werbung, Rosenheim: Komar.

Richter, M. (1999): Personalführung. 4. Aufl., Stuttgart: UTB.

Ritz, A./Sinelli, P. (2011): Talent Management - Überblick. und konzeptionelle Grundlagen, S. 3 - 20. *In*: Talent Management Talente identifizieren, Kompetenzen entwickeln, Leistungsträger erhalten, 2. Aufl, Wiesbaden: Springer Fachmedien.

Reinemann, H. (2011): Mittelstandsmanagement: Einführung in Theorie und Praxis. Schäffer-Poeschel, 2011.

Rode, B. (2013): Begriff des Mittelstands-rechtliche Wiederspiegelung, (S.35-44). *In*: Zdrowomyslaw, N. (Hrsg.): Grundzüge des Mittelstandsmanagements: Vom Erkennen zum Nutzen unternehmerischer Chancen, Gernsbach: Deutscher Betriebswirte Verlag GmbH, 2013.

Rowold, J. (2013): Human Resource Management. Lehrbuch für Bachelor und Master. Berlin u. a.: Springer. DOI 10.1007/978-3-642-39152-1

Rump, J./Eilers, S./ Institut für Beschäftigung und Employability IBE Ludwigshafen (2015): Generationen-Mix: Gestalten statt verwalten. Sternenfels: Wissenschaft & Praxis, 2015.

Schauf, M. (2009): Unternehmensführung im Mittelstand: Rollenwandel kleiner und mittlerer Unternehmen in der Globalisierung, 2. Aufl, München u. a.: Rainer Hampp Verlag.

Schönfeld, G./ Wenzelmann, F./Dionisius, R./Pfeifer, H./Walden, G. (2010). Kosten und Nutzen der dualen Ausbildung aus Sicht der Betriebe: Ergebnisse der vierten BIBB-Kosten-Nutzen-Erhebung, Berichte zur beruflichen Bildung, Schriftenreihe des Bundesinstituts für berufliche Bildung Bonn, Bielefeld: Bertelsmann.

Schwarz, D. (2010): Strategische Personalplanung und Humankapitalbewertung; Simulationen anhand der Cottbuser Formel, Wiesbaden: Springer Fachmedien, 2010, (zugleich Dissertation Brandenburgische Technische Universität Cottbus, 2009).

Stock-Homburg, R./Wolff, B. (2011): Handbuch Strategisches Personalmanagement, Wiesbaden: Gabler, 2011.

Stock-Homburg (2011): Zukunft der Arbeitswelt 2030 als Herausforderung des Personalmanagements, S. 604 -630. *In:* Stock-Homburg, R./Wolff, B. (2011): Handbuch Strategisches Personalmanagement, Wiesbaden: Gabler, 2011.

Stietencron Von, P. (2013): Zielorientierung deutscher Familienunternehmen. Der Zusammenhang zwischen Familieneinfluss, Zielorientierung und Unternehmenserfolg. Wiesbaden: Springer Fachmedien, 2013 (zugleich Dissertation HHL Leipzig Graduate School of Management, 2012) DOI 10.1007/978-3-658-00826-0

Scholz, Christian (2014): Personalmanagement. Informationsorientiert und verhaltensorientierte Grundlagen, 6. Aufl., München: Vahlens.

Staffel, M. (2015): Management der Personalkosten im Mittelstand Konzeptualisierung und Empirische Fundierung. Wiesbaden: Springer Fachmedien (zugleich Dissertation Otto-Friedrich-Universität Bamberg, 2015) DOI 10.1007/978-3-658-12147-1

Schwuchow, K./Gutmann, J. (2015). Personalentwicklung; Themen, Trends, Best Practices 2016, Freiburg im Breisgau u. a.: Haufe-Lexware.

Stangel-Meseke, M. (2015): Innovative Personalmanagement-Konzepte. Eine Analyse ihres Gleichstellungspotenzials. Wiesbaden: Springer Fachmedien. DOI 10.1007/978-3-658-09171-2

Schulenburg, N. (2016). Führung einer neuen Generation Wie die Generation Y führen und geführt werden sollte, Wiesbaden: Springer Gabler.

Stracke, S./Schöneberg, K. (2016): Die demografische Entwicklung: Trends und Folgen für die Unternehmen, S. 11 – 26. *In*: Nerdinger, F.W/Wilke, P./Stracke, S./Drews, U. (Hrsg.) (2016): Innovation und Personalarbeit im demografischen Wandel. Ein Handbuch für Unternehmen. Wiesbaden: Springer Fachmedien. DOI 10.1007/978-3-658-09028-9

Ungericht, B. (2012): Strategiebewusstes Management: Konzepte und Instrumente für nachhaltiges Handeln. München: Pearson Studium.

Ullah, R./Witt, M. (2015): Praxishandbuch Recruiting: Grundlagenwissen, Prozess-Know-How, Social Recruiting, Stuttgart: Schäffer-Poeschel.

Vogler-Ludwig, K./Düll, N. (2013). Arbeitsmarkt 2030: Eine strategische Vorausschau auf Demografie, Beschäftigung und Bildung in Deutschland, i.A. Bundesministerium für Arbeit und Soziales, Bielefeld: W. Bertelsmann Verlag.

Vogler-Ludwig, K./Düll, N./Kriechel, B. (2015): „Arbeitsmarkt 2030: Die Bedeutung der Zuwanderung für Beschäftigung und Wachstum - Prognose 2014. Bielefeld: Bertelsmann, 2015.

Wegmann, J. (2006). Betriebswirtschaftslehre mittelständischer Unternehmen. Praktiker-Lehrbuch. München u.a: Oldenbourg, 2006.

Wolf, J./Paul, H./Zipse, T. (2009): Erfolg im Mittelstand. Tipps für die Praxis. Wiesbaden: Gabler | GWV Fachverlage.

Westedt, V. (2010): Entwicklungstendenzen der Personalbeschaffung und –auswahl. *In:* Wagner, D. /Herlt, S. (Hrsg.) (2010): Perspektiven des Personalmanagements 2015. Wiesbaden: Springer Fachmedien.

Weinrich, K. (2015). Nachhaltigkeitsorientierte Unternehmensführung: Employer Branding als Ansatz zur Gewinnung geeigneter Mitarbeiter, Wiesbaden: Essentials. Springer Gabler.

Zdrowomyslaw, N./Bladt, M. (2008): Wissenschaftliches Arbeiten: Erfolgsbaustein für Studium und Karriere. Gernsbach: Dt. Betriebswirte-Verl, 2008.

Zdrowomyslaw, N./Bladt, M. (2013): Bedeutung, Vielfalt und Besonderheiten des Mittelstands. Der Betriebswirt 3/2013, www.wiso-net.de [Download vom 06.05.2016].

Internetquellen

Astrachan, J./Klein, S./Smyrnios, K. (2002): The F-PEC scale of family influence: A proposal for solving the Family Business definition problem, in: Family Business Review, 15. Jg., Nr. 3, S. 45–58.

Adenauer, S./Schauer, J./Bursee, M./Deller, J./Lennings, F./Mühlbradt, T./Neuhaus, R./Olesch, G./Schat, H. D./Schawilye, R./Seitz, C./Waszak, A. (2005): Demografische Analyse und Strategieentwicklung in Unternehmen, Institut für angewandte Arbeitswissenschaften e. V. (Hrsg.), Köln: Wirtschaftsverlag Bachem, 2005.

Acemyan-Steffens, T.V./Neuhäuser, M./Hans-Böckler-Stiftung (Hrsg.) (2011): Aktuelle Wege und Trends der Personalentwicklung, Rekrutierung und Nachfolgeplanung. Arbeitspapier 230, www.boeckler.de/pdf/p_arbp_230.pdf [12.08.2016].

Arentz, O./Münstermann, L. (2013): Mittelunternehmen statt KMU? Ein Diskussionsbeitrag zum Mittelstandsbegriff, http://www.otto-wolff-institut.de/Publikationen/DiskussionPapers/OWIWO_DP_01_2013.pdf [12.08.2016].

Anger, C./Esselmann, I./Konegen-Grenier, C./Plünnecke, A./ Institut der deutschen Wirtschaft Köln (2015): Bildungsmonitor 2015 Ein Blick auf Bachelor und Master. Studie im Auftrag der Initiative Neue Soziale Marktwirtschaft (INSM), http://www.iwkoeln.de/studien/gutachten/beitrag/christina-anger-ina-esselmann-christiane-konegen-grenier-axel-pluennecke-bildungsmonitor-2015-241745 [12.08.2016].

Arbeitsgemeinschaft Mittelstand (2015): Wohlstand sichern. Jahresmittelstandsbericht 2015, http://www.arbeitsgemeinschaft-mittelstand.de/jahresmittelstandsberichte/ [12.08.2015].

Bundesagentur für Arbeit Statistik/Arbeitsmarktberichterstattung (2015), https://statistik.arbeitsagentur.de [12.08.2016].

Behrends, T. (2002): Recruitment practices in small and medium size enterprises: An empirical study among knowledge intensive professional service firms. Management Revue, ISSN 1861-9916, Mering: Rainer Hampp, Vol. 18, Issue 1, pp. 55-74, https://www.econstor.eu/handle/10419/78881

Berghoff, H. (2006). The End of Family Business? The Mittelstand and German Capitalism in Transition, 1949-2000. *The Business History Review, 80, No.* 2, 263–295, http://www.jstor.org/stable/25097190. [05.05.2016].

BMFSFJ (2006): Familie zwischen Flexibilität und Verlässlichkeit Perspektiven für eine lebenslaufbezogene Familienpolitik. Siebter Familienbericht, www.bmfsfj.de/doku/.../familienbericht/.../familienbericht_gesamt.pdf [12.08.2016].

Bellmann, L./Kistler, E./Wahse, J. (2007): Demographischer Wandel. Betriebe müssen sich auf alternde Belegschaften einstellen. (IAB-Kurzbericht, Ausgabe Nr. 21 vom 11.10.2007), Nürnberg. doku.iab.de/kurzber/2007/kb2107.pdf [26.07.2016].

BIBB (Bundesinstitut für Berufsbildung Bonn)/ Ebbinghaus, M. (2010): Unterschiedliche Wege – ein Ziel: Wie Betriebe Auszubildende rekrutieren. BIBB BWP (Zeitschrift für Berufsbildung in Wissenschaft und Praxis) 03 |2010, S. 35 – 39., https://www.bibb.de/veroeffentlichungen/en/publication/download/id/6232 [30.04.2016].

BMZ (Bundesministerium für wirtschaftliche Zusammenarbeit und Entwicklung) (Hrsg.) (2013): Informations- und Kommunikationstechnologien (IKT). Schlüsseltechnologien für eine nachhaltige Entwicklung. BMZ-Strategiepapier 2 | 2013, https://www.bmz.de/.../strategiepapiere/Strategiepapier326_02_2013.pdf [12.08.2016].

BMAS (Bundesministerium für Arbeit und Soziales) (2013): Arbeitsmarktprognose 2030. Eine strategische Vorausschau auf die Entwicklung von Angebot und Nachfrage in Deutschland, http://www.bmas.de/DE/Service/Medien/Publikationen/a756-arbeitsmarktprognose-2030.html [12.08.2016].

Berlemann, M./Jahn, V. (2014): Ist der deutsche Mittelstand tatsächlich ein Innovationsmotor? ifo Schnelldienst 17/2014 – 67. Jahrgang – 11. September 2014, http://www.cesifo-group.de/DocDL/ifosd_2014_17_3.pdf [12.08.2016].

BMWi (Bundesministeriums für Wirtschaft und Technologie) (2014): http://www.bmwi.de/DE/Service/suche.html (Stand von Dezember 2014) [30.04.2016].

Bußmann, S./Seyda, S./Institut der deutschen Wirtschaft Köln e.V. (Hrsg.) (2014): Fachkräfteengpässe in Unternehmen. Die Altersstruktur in Engpassberufen Studie. KOFA (Kompetenzzentrum Fachkräftesicherung), http://www.iwkoeln.de/studien/gutachten/beitrag/sebastian-bussmann-susanne-seyda-fachkraefteengpaesse-in-unternehmen-204846 [12.08.2016]

BIBB-IAB Qualifikations- und Berufsfeldprojektionen/Helmrich, R./Hummel, M/ Neuber-Pohl, C. (2015): Megatrends Relevanz und Umsetzbarkeit in den BIBB-IAB-Qualifikations- und Berufsfeldprojektionen. https://www.bibb.de/veroeffentlichungen/de/publication/show/id/7666 [12.08.2016].

BMWi (Bundesministeriums für Wirtschaft und Technologie) (September 2015): http://www.bmwi.de/DE/Themen/ausbildung-und-beruf,did=220286.html [12.08.2016].

Brussig, M (2015): Demografischer Wandel, Alterung und Arbeitsmarkt in Deutschland. Wiesbaden Springer Fachmedien, 2015. Köln Z Soziol (2015), (Suppl) 67, S. 295–324. DOI 10.1007/s11577-015-0313-x

BMBF (Bundesministerium für Bildung und Forschung) (Hrsg.) (2015): Berufsbildungsbericht 2015, https://www.bmbf.de/pub/Berufsbildungsbericht_2015.pdf [12.08.2016].

Bundesagentur für Arbeit, Statistik/Arbeitsmarktberichterstattung (Hrsg.) (Stand Dezember 2015): Der Arbeitsmarkt in Deutschland – Fachkräfteengpassanalyse, Nürnberg, http://statistik.arbeitsagentur.de/Navigation/Statistik/ Arbeitsmarktberichte/Fachkraeftebedarf-Stellen/Fachkraeftebedarf-Stellen-Nav.html [05.05. 2016].

BIBB (Bundesinstitut für Berufsbildung Bonn) (Hrsg.)/ Jansen, A./Pfeiffer, H./Schönfeld, G./Wenzelmann, F. (2015a): Forschungs- und Arbeitsergebnisse aus dem Bundesinstitut für Berufsbildung. Report 1 | 2015. Ausbildung in Deutschland weiterhin investitionsorientiert – Ergebnisse der BIBB-Kosten-Nutzen-Erhebung 2012/13, https://www.bibb.de/dokumente/pdf/2015_03_03_bibb-report_01_2015.PDF [12.08. 2016].

BIBB (Bundesinstitut für Berufsbildung Bonn) (Hrsg.) (2015b): Datenreport zum Berufsbildungsbericht 2015: Informationen und Analysen zur Entwicklung der beruflichen Bildung, Bielefeld: W. Bertelsmann Verlag, https://www.bibb.de/dokumente/pdf/bibb_datenreport_2015.pdf [12.08. 2016].

BIBB (Bundesinstitut für Berufsbildung Bonn) (Hrsg.) (2016): Datenreport zum Berufsbildungsbericht 2016: Informationen und Analysen zur Entwicklung der beruflichen Bildung, Bielefeld: W. Bertelsmann Verlag, https://www.bibb.de/dokumente/pdf/bibb_datenreport_2016.pdf [12.08. 2016].

Commerzbank AG Mittelstandsbank (Mai 2016): Unternehmen Zukunft: Transformation trifft Tradition. Studie 16, https://www.unternehmerperspektiven.de/portal/de/up/up-studien/up_studien_1.html#Studie16 [12.08.2016].

Czepek, J./Dummert, S./Kubis, A./Leber, U./Müller, A./Stegmaier, J./IAB (Hrsg.) (2015): Aktuelle Berichte. Betriebe im Wettbewerb um Arbeitskräfte - Bedarf, Engpässe und Rekrutierungsprozesse in Deutschland. 5|2015, doku.iab.de/aktuell/2015/aktueller_bericht_1505.pdf

Cordes, A./Expertenkommission Forschung und Innovation (EFI) (Hrsg.) (2016): Stellenbesetzung und personalpolitische Probleme in KMU – Analysen des IAB-Betriebspanels. Studien zum deutschen Innovationssystem Nr. 7-2016, www.e-fi.de/fileadmin/Innovationsstudien_2016/StuDIS_07_2016.pdf [12.08.2016].

DIHK – Deutscher Industrie- und Handelskammertag (2014): Ausbildung 2014 – Ergebnisse einer DIHK-Online-Unternehmensbefragung, http://www.dihk.de/ressourcen/downloads/dihk-ausbildungsumfrage-2104.pdf [29.07.2016].

DIHK – Deutscher Industrie- und Handelskammertag (2015): Ausbildung 2015 – Ergebnisse einer DIHK-Online-Unternehmensbefragung, http://www.dihk.de/ressourcen/downloads/dihk-ausbildungsumfrage-2015.pdf [29.07.2016].

Duden-online (o.J.), http://www.duden.de/rechtschreibung/Heterogenitaet [12.08.2016].

DGFP http://www.dgfp.de/wissen/themen/personalbetreuung-und-mitarbeiterbindung
[12.08.2016]

Europäische Kommission (2006): Die neue KMU-Definition Benutzerhandbuch und Musterer-
klärung, https://www.euresearch.ch/fileadmin/redacteur/H2020/KMU_Definition_de.pdf
[12.08.2016].

ENWHP (European Network for Workplace Health Promotion) (Stand: 15.08.2007): Luxem-
bourg Declaration on Workplace Health Promotion in the European Union,
http://www.enwhp.org/fileadmin/rs-dokumente/dateien/Luxembourg_Declaration.pdf [05.
08.2016].

Erlwein, M./Koller, K./Quitzau, J. Berenberg/ HWWI (2014): Research Report Demografie.
Strategie 2030 - Vermögen und Leben in der nächsten Generation, No. 17,
http://webcache.googleusercontent.com/search?q=cache:g24f0_v5AUkJ:www.hwwi.org/publi
kationen/partnerpublikationen/berenberg-und-hwwi/strategie-
2030.html+&cd=2&hl=de&ct=clnk&gl=de&client=firefox-b-ab [12.08.2016].

Expertenkommission Forschung und Innovation (EFI) (Hrsg.) (2016): Gutachten zu
Forschung, Innovation und technologischer Leistungsfähigkeit Deutschlands. Band 1, Der
Beitrag von KMU zu Forschung und Innovation in Deutschland, http://www.e-
fi.de/gutachten.html [02. 06.2016].

Ernst & Young (2016): Mittelstandsbarometer – Januar 2016,
http://www.ey.com/Publication/vwLUAssets/EY-Mittelstandsbarometer-Januar-
2016/$FILE/EY-Mittelstandsbarometer-Januar-2016.pdf [12.08.2016].

Gmür, M., & Schwerdt, B. (2005): Der Beitrag des Personalmanagements zum Unternehmenserfolg. Eine Metaanalyse nach 20 Jahren Erfolgsfaktorenforschung. Zeitschrift für Personalforschung, 19, 221–251.

Gericke, N./Kruppp, T./Troltsch, K. (2009): Unbesetzte Ausbildungsplätze – warum Betriebe
erfolglos bleiben. Ergebnisse des BIBB-Ausbildungsmonitors. BIBB-Report. Heft 10/2009.
Hrsg.: Bundesinstitut für Berufsbildung. Bonn,
https://www.bibb.de/dokumente/pdf/a12_bibbreport_2009_10.pdf [15.07.2016].

GE Capital Deutschland/ Welter, F./Bijedić, T./Hoffmann, M./ IfM Bonn (2015): Triebwerk des
Erfolgs – der deutsche Mittelstand im Fokus,
http://www.gecapital.de/de/docs/GE_Capital_IfM_Studie_Triebwerk_des_Erfolgs_2015_FINA
L.pdf [12.08.2016].

Hils, M./Bahner, J. (2005): Electronic Human Resource Management (E-HRM) in Deutschland.
Stand und Entwicklung. Wechselwirkungen, Jahrbuch aus Lehre und Forschung der Universität Stuttgart (2005), S. 29-41, http://elib.uni-stuttgart.de/handle/11682/5491 [12.08.2016].

Huber, A. (2006): Die Grundlage jeder Basis ist das Fundament. Strategische Planung in der Klemme. Strategische Planung in Unternehmen. Empirische Untersuchung von über 100 Unternehmen, https://prof.beuth-hochschule.de/fileadmin/user/ahuber/Dokumente/ Strategische_Planung_in_deutschen_Unternehmen.pdf [12.08.2016.]

HGB https://dejure.org/gesetze/HGB/267.html [03.05.2016].

HGB https://dejure.org/gesetze/HGB/264d.html [03.05.2016].

IAB – Betriebspanel, http://www.iab.de/de/erhebungen/iab-betriebspanel.aspx/ [12.08.2016].

IAB – Institut für Arbeitsmarkt und Berufsforschung (2015): Entwicklung des gesamtwirtschaft-lichen Stellenangebotes im dritten Quartal 2015, http://doku.iab.de/arbeitsmarktdaten/2015/os1503.xlsx [29.07.2016].

Ifaa (Institut für angewandte Arbeitswissenschaft e. V.) (2015): Leistungsfähigkeit im Betrieb Kompendium für den Betriebspraktiker zur Bewältigung des demografischen Wandels. Berlin u. a. Springer Verlag, 2015. DOI 10.1007/978-3-662-43398-0

IfM Bonn: http://www.ifm-bonn.org/definitionen/mittelstandsdefinition-des-ifm-bonn [03.05.2016].

IfM Bonn: (Stand 18.05.2016): http://www.ifm-bonn.org/studien/mittelstand-gesellschaft-und-staat/studie-detail/?tx_ifmstudies_detail%5Bstudy%5D =194&cHash=9adcdc16e93ed816c170dc779a90392a [20.06.2016].

IfM Bonn: http://www.ifm-bonn.org/statistiken/mittelstand-im-einzelnen/#accordion=0&tab=0 [12.08.2016].

Jasper, G./Horn, J./BMBF (Bundesministerium für Bildung und Forschung) (Hrsg.) (2009). Untersuchung zum Rekrutierungsverhalten von Unternehmen mit wissensintensiven Dienst-leistungen und Unternehmen mit wissensintensiven Tätigkeitsfeldern, Band 5, Reihe Berufs-bildungsforschung. https://www.**bmbf**.de/pub/band_fuenf_berufs**bildungsforschung**.pdf [30.04.2016].

Klein, S.B./Astrachan, J.H./Smyrnios, K.X. (Stand Mai 2005): Family Influence: Construction, Validation and Further Implication for Theory, S. 321 – 340, https://www.academia.edu/1874699/The_F_PEC_Scale_of_Family_Influence_Construction_ Validation_and_Further_Implication_for_Theory [18.05.2016].

Khadjavi, K. (2005): Wertmanagement im Mittelstand. Dissertation der Universität St. Gallen, Hochschule für Wirtschafts-, Rechts- und Sozialwissenschaften (HSG), 2005, www1.unisg.ch/www/edis.nsf/SysLkpByIdentifier/3088/.../dis3088.pdf [12.08.2016].

Kay, R./Richter, M./ Friedrich Ebert Stiftung Arbeitskreis Mittelstand (Hrsg.) (2010): Diskurs Expertisen und Dokumentationen zur Wirtschafts- und Sozialpolitik. Fachkräftemangel im Mittelstand: Was getan werden muss, library.fes.de/pdf-files/wiso/07079.pdf [12.08.2016].

Kay, R./Suprinoviĉ, O./Werner, A. (2010): Deckung des Fachkräftebedarfs in kleinen und mittleren Unternehmen Situationsanalyse und Handlungsempfehlungen. IfM-Materialien Nr. 200, http://www.ifm-bonn.org/publikationen/ifm-materialien/publikationendetail/?tx_ ifmstudies_publicationdetail%5Bpublication%5D=131&cHash=95f1821ea42dde3875c006baeacae8 24 [12.08.2016].

Kraus, S./Filser, M./Götzen, T./Harms, R. (2011): Familienunternehmen – Zum State-of-the-Art der betriebswirtschaftlichen Forschung. *In*: BFuP - Betriebswirtschaftliche Forschung und Praxis, 6/63, S. 587 – 605.

KFW-Research (2015): Immer weniger Azubis: Mittelstand arbeitet an Attraktivität der Berufsausbildung, Nr. 82, 31. August 2015, i https://www.kfw.de/PDF/Download-Center/Konzernthemen/Research/PDF-Dokumente-Volkswirtschaft-Kompakt/VK-Nr.-82-August-2015-Berufliche-Ausbildung.pdf. [12.08.2016].

KOFA Fachkräftesicherung für kleine und mittlere Unternehmen (o.J.): Fachkräftesituation im Mittelstand kleine und mittlere Unternehmen sind besonders betroffen, http://www.kofa.de/daten-fakten/fachkraeftesituation/fachkraeftesituation-im-mittelstand [12.08.2016].

Mintzberg, H. (1990): The design school: Reconsidering the basic premises of strategic management. Strategic Management Journal, Vol. 11, Iss 3, 171-1, **DOI**: 10.1002/smj.4250110302 [29.07.2016].

McCrindle Research (2006): New Generations at Work: Attracting, Recruiting, Retraining & Training Generation Y, http://mccrindle.com.au/resources/whitepapers/McCrindle-Research_New-Generations-At-Work-attracting-recruiting-retaining-training-generation-y.pdf, [29.07.2016].

May-Stroebl, E./Haunschild, L. (2009): Der nachhaltige Beschäftigungs- beitrag von KMU Eine sektorale Analyse unter besonderer Berücksichtigung der FuE- und wissensintensiven Wirtschaftszweige. IfM-Materialien Nr. 206, www.ifm-bonn.org/uploads/tx_ifmstudies/IfM-Materialien-206_01.pdf [12.08.2016].

May, P./Koeberle-Schmid, A. (2011): Die drei Dimensionen eines Familienunternehmens: Teil I. *In*: BFuP - Betriebswirtschaftliche Forschung und Praxis, 6/63 (2011), S. 656 – 672

May, P./Koeberle-Schmid, A. (2012): Die drei Dimensionen eines Familienunternehmens: Teil 2. *In*: BFuP - Betriebswirtschaftliche Forschung und Praxis 1/64, S. 52-72

McDonald's (Hrsg.) (2013): Die McDonald's Ausbildungsstudie 2013. Pragmatisch Glücklich: Azubis zwischen Couch und Karriere. Eine Repräsentativbefragung junger Menschen im Alter von 15 bis unter 25 Jahren. Unter Mitarbeit von McDonald's Deutschland Inc., Institut für Demoskopie Allensbach und Klaus Hurrelmann, http://mcdw.ilcdn.net/MDNPROG9/mcd/files/pdf/090913_Publikationsstudie_McDonalds_Aus bildungsstudie.pdf [29.07.2016].

Matthes, S./Ulrich, J.G./Krekel, E.M./Walden, G. (2014): Wachsende Passungsprobleme auf dem Ausbildungsmarkt: Analysen und Lösungsansätze, Bundesinstitut für Berufsbildung (Hrsg.), Bonn, https://www.bibb.de/.../pdf/a2_passungsprobleme-ausbildungsmarkt.pdf [29.07.2016].

McDonald's (Hrsg.) (2015): Die McDonald's Ausbildungsstudie 2015. Entschlossen unentschlossen. AZUBIS im Land der (zu vielen) Möglichkeiten. Eine Repräsentativbefragung junger Menschen im Alter von 15 bis unter 25 Jahren. Unter Mitarbeit von McDonald's Deutschland Inc., Institut für Demoskopie Allensbach und Klaus Hurrelmann, ausbildungsstudie2015.de/pdf/McD_Ausbildungsstudie_2015.pdf [29.07.2016].

May-Strobl, E./Welter, F/ ifM Bonn (2015): Das Zukunftspanel Mittelstand Herausforderungen aus Unternehmersicht. IfM-Materialien Nr. 239, www.ifm-bonn.org/uploads/tx.../IfM-Materialien-239_2015.pdf [12.08.2016].

Niederalt, M. (2005): Bestimmungsgründe des betrieblichen Ausbildungsverhaltens in Deutschland. Diskussionspapiere Nr. 36. Friedrich Alexander-Universität Erlangen-Nürnberg. Lehrstuhl für Arbeitsmarkt und Regionalpolitik. Abruf unter: http://www.arbeitsmarkt.wiso.uni-erlangen.de/publikationen/diskussionspapiere.shtml, Zugriff 11.07.2016.

Pfeiffer, I./ Kaiser, S./ BMBF (Hrsg.) (2009): Auswirkungen von demographischen Entwicklungen auf die berufliche Ausbildung, https://www.bmbf.de/pub/auswirkungen_demografische_entwicklung_berufliche_ausbildung.pdf [12.08.2016].

Pahnke, A./Icks, A./Kay, R./ IfM Bonn (Hrsg.) (2015): Übernahme von Auszubildenden – betriebsgrößenspezifische Analysen. IfM-Materialien Nr. 221, http://www.ifm-bonn.org/publikationen/ifm-materialien/publikationendetail/?tx_ifmstudies_publication detail%5Bpublication%5D=418&cHash=0be96bf853e30c5b5e3f2c3975a56089 [12.08.2016].

Personalwirtschaft (o. J.): HR-Lexikon: blended-learning, https://www.personalwirtschaft.de/produkte/hr-lexikon/eintrag/1524.html [12.08.2016].

Richter, M./Arbeitskreis Mittelstand in der Friedrich-Ebert-Stiftung(Hrsg.) (2009): Mittelständische Personalpolitik, Charakteristika, Problemfelder und Handlungsempfehlungen, http://www.fes.de/wiso/pdf/mittelstand/2010/Studie_Personalpolitik_Mittelstand_1109.pdf [12.08.2016].

Rump, J./Ellers, S./ Wilms, G/Ministerium für Wirtschaft, Klimaschutz, Energie und Landesplanung Rheinland-Pfalz (Hrsg.) (2011): Strategie für die Zukunft. Ein Leitfaden für Unternehmen zur Bindung und Gewinnung von Mitarbeiterinnen und Mitarbeitern, http://www.ibe-ludwigshafen.de/download/arbeitsschwerpunkte-downloads/lebensphasenorientierte-personalpolitik-downloads/Leitfaden_Lebensphasenorientierte_Personalpolitik_2011.pdf [12.08.2016].

Reymann, F. (2013): Verfahren zur Strategieentwicklung und -umsetzung auf Basis einer Retropolation von Zukunftsszenarien. Münster: Monsenstein und Vannerdat (Dissertation der Universität Paderborn, 2013).

Robert Bosch Studie (2015): Die Zukunft der Arbeitswelt Auf dem Weg ins Jahr 2030. Bericht der Kommission »Zukunft der Arbeitswelt« der Robert-Bosch-Stiftung mit Unterstützung des Instituts für Beschäftigung und Employability IBE, http://www.bosch-stiftung.de/content/language1/downloads/Studie_Zukunft_der_Arbeitswelt_Einzelseiten.pdf [12.08.2016].

Statistisches Bundesamt (2009): Bevölkerung Deutschlands bis 2060. 12. koordinierte Bevölkerungsvorausberechnung, https://www.destatis.de/DE/Publikationen/Thematisch/Bevoelkerung/VorausberechnungBevoelkerung/BevoelkerungDeutschland2060Presse5124204099004.pdf?__blob=publicationFile [12.08.2016].

Statistisches Bundesamt, Wirtschaft und Statistik/ Söllner. R. (2014): Die wirtschaftliche Bedeutung kleiner und mittlerer Unternehmen in Deutschland, https://www.destatis.de/DE/Publikationen/WirtschaftStatistik/UnternehmenGewerbeanzeigen/BedeutungKleinerMittlererUnternehmen_12014.pdf?__blob=publicationFile [12.08.2016].

Schmitz, E./Volkmer, A./Placke, B. (2014): Analyse „Ausbildungsmarkt und Ausbildungsbereitschaft von Betrieben." Endbericht für das Ministerium für Arbeit, Integration und Soziales des Landes. Nordrhein-Westfalen im MAIS-Projekt 2014.017, https://www.mais.nrw/sites/default/files/asset/document/arbeit_ausbildungsmarkt_und_ausbildungsbereitschaft_in_nrw_2014_0.pdf [12.08.2016].

Stiftung Familienunternehmen (2014): Die volkswirtschaftliche Bedeutung der Familienunternehmen, München 2014, abrufbar unter: http://www.familienunternehmen.de/media/public/pdf/publikationen-studien/studien/Studie_Stiftung_Familienunternehmen_Volkswirtschaftliche-Bedeutung_Berichtsband.pdf (Zugriff: 25.06.2016).

Shell-(Jugendstudie 2015) Deutschland Holding/Albert, M./Hurrelmann, K./Quenzel, G. (2015): Jugend 2015. Eine pragmatische Generation im Aufbruch. Frankfurt a. M.: S. Fischer Verlag GmbH, Frankfurt am Main. Zusammenfassung, http://www.shell.de/ueber-uns/die-shell-jugendstudie-2015/multimediale-inhalte/_jcr_content/par/expandablelist_643445253/expandablesection_1535413918.stream/1456210063290/ace911f9c64611b0778463195dcc5daaa039202e320fae9cea34279238333aa4/shell-jugendstudie-2015-zusammenfassung-de.pdf [12.08.2016].

Statistisches Bundesamt (2015): Deutschland hat die niedrigste Jugenderwerbslosigkeit in der EU. Pressemitteilung Nr. 288 vom 11.08.2015, https://www.destatis.de/DE/PresseService/Presse/Pressemitteilungen/2015/08/PD15_288_133.html

Statistisches Bundesamt (2015): Ergebnisse der 13. koordinierten Bevölkerungsvorausbe-rechnung, abrufbar unter:
https://www.destatis.de/DE/.../BevoelkerungDeutschland2060Presse.html [05.07.2016].

Statistisches Bundesamt, Wirtschaft und Statistik/Söllner, R. (2016): Der deutsche Mittelstand im Zeichen der Globalisierung. Statistisches Bundesamt | WISTA | 2 | 2016,
https://www.destatis.de/DE/Publikationen/WirtschaftStatistik/2016/02/DeutscherMittelstand_0 22016.pdf?__blob=publicationFile [12.08.2016].

Statista (2016a): Wie wichtig sind für die Personalrekrutierung Ihres Unternehmens die folgenden externen Trends? http://de.statista.com/graphic/1/223900/bedeutung-externer-trends-fuer-die-personalrekrutierung-von-unternehmen.jpg [12.08.2016].

Statista (2016b): Europäische Union: Jugendarbeitslosenquoten in den Mitgliedsstaaten im Juni 2016 http://de.statista.com/statistik/daten/studie/74795/umfrage/jugendarbeitslosigkeit-in-europa/ [12.08.2016].

Tagiuri, R., Davis, J.A. (1982). Bivalent attributes of the family firm. Working Paper, Harvard Business School, Cambridge, Massachusetts. Reprinted 1996, Tagiuri, r./Davis, J. (1996): Bivalent Attributes of the Family Firm. In: Family Business Review, June 1996; vol. 9, Issue 2, S. 199-208.

Troltsch, K./BIBB (Hrsg.) (13.10.2015), https://www.bibb.de/de/35374.php [12.08.2016].

Trendence Ausbildungsstudie (2015),
https://www.schuelerbarometer.de/schuelerbarometer/die-studie/studienergebnisse.html [25.07.2016].

Vinerean, A. (2015): Loyal Employees. A Key Factor in the Success of a Company. Expert Journal of Marketing, Volume 3, Issue 2, pp.73-78, 2015,
http://www.expertjournals.com/ark:/16759/23446773-310 [12.08.2016].

Welter, F/ May-Strobl, E./Wolter, H. J./Günterberg, B./IfM Bonn (Hrsg.) (2014): Mittelstand im Wandel. IfM-Materialien Nr. 232, www.ifm-bonn.org/uploads/tx_ifmstudies/IfM-Materialien-232_2014.pdf [12.08.2016].

Welter, F./May-Strobl, E./Holz, M./Pahnke, A./Schlepphorst, S./Wolter, H.-J./IfM Bonn (Hrsg.) (2015): Mittelstand zwischen Fakten und Gefühl, IfM Bonn: IfM-Materialien Nr. 234, Bonn. www.ifm-bonn.org/uploads/tx.../IfM-Materialien-234_2015_01.pdf [12.08.2016].

Weitzel, T./Eckhardt, A./Laumer, S./Maier, C./von Stetten, A./Weinert, C./Wirth, J. Centre of Human Resources Information Systems (CHRIS) Otto-Friedrich-Universität, Bamberg/ Mons-ter Worldwide Deutschland GmbH, Kraft, B. (2015): Recruiting Trends im Mittelstand 2015. Eine empirische Untersuchung mit 1.000 Unternehmen aus dem Mittelstand, https://www.uni-bamberg.de/fileadmin/uni/fakultaeten/wiai_lehrstuehle/isdl/Recruiting_Trends_im_ Mittelstand_2015.pdf [12.08.2016].

Watzlawick, P. (o.J.): Die Axiome von Paul Watzlawick, http://www.paulwatzlawick.de/axiome.html [12.08.2016].

Welter, F./Levering, B./ May-Strobl, E./IfM Bonn (Hrsg.) (2016): IfM-Materialien. Mittelstandspolitik im Wandel, IfM-Materialien Nr. 247, abrufbar unter: http://www.ifm-bonn.org/studien/mittelstand-gesellschaft-und-staat/studie-detail/?tx_ifmstudies_detail%5Bstudy%5D=194&cHash=9adcdc16e93ed816c170dc779a90392a [20.06.2016].